ISBN 979-11-88787-38-8
ISSN 2635-7240

한국문예
Korean Literature and Arts
2025. Vol 12.

권두언	조정제
시조	김영순 김완기 김의배 문재일 백승운 서병진 송영기 신영옥 원용우 조성국 조정제 홍영복
시	강구성 강명옥 공대천 곽광택 금종성 김길원 김명선 김승범 김영석 김원규 김정희 나영봉 모상철 박찬구 백문기 서비아 서재용 서주문 선형기 신소미 신윤호 안중태 오동춘 유영란 유지업 이연찬 이정원 전홍구 정상문 정순영 제정호 지성 김정희 최수분 최임순
동시	김종상 한경희
수필	고응남 공대천 권영이 김원규 김 청 임무영 최대락 홍순철
소설	신강우
한국문예대상	임무영 **문학대상**	김 청 **시문학대상**	지성 김정희
신인문학상(시조)	나영봉 조용휘 최임순 **신인문학상(시)**	전종택 **신인문학상(수필)**	강명옥
신인문학평론상	김원규 송영기
특집	김원규 이규원 김승범

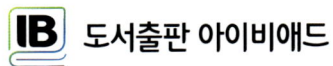
도서출판 아이비애드

한국문예가

Moderato=116

작사 서병진
작곡 정원수

전주

Song

동 - - 해의 솟은 태양 가슴에 안고 -
산 - - 너머 저강건너 비추는 햇살 -

금수강산 금빛으로 물들이는 우 - 리 -
소리내어 높이높이 불러보는 우 - 리 -

마 - - 음과 붓끝으로 문예의 꽃 피우고 -

영원히 빛나리라 한국문예작가회 -
영원히 빛나리라 한국문예작가회 -

한국문예작가회 헌장

한국문예작가회는 긍지와 보람을 갖고 밝고 희망찬 문예인의 세계를 향해 나아갈 것을 다짐하는 우리의 뜻을 밝힌다.

하나, 우리는 문예 작가로 정체성을 확립하며 정의와 도덕적 양심을 근본으로 문예의 저변확대에 이바지한다.

하나, 우리는 문예인의 사명으로 사회적 귀감이 되고 작가로서 서로를 존중하며 함께 정진한다.

하나, 우리는 선현들의 문예 정신을 이어받아 발굴하며 모든 이를 서로 돕고 이해하는 문예인이 된다.

하나, 우리는 문예 작가로서 조국 번영에 앞장서는 주역이 된다.

하나, 우리는 하나로 뭉쳐 꿈과 희망을 안기는 자랑스러운 한국 문예작가회원의 긍지를 가진다.

권두언	조정제	한국 문단의 운율 문화	018
시조	김영순	고운사 천년 숲길 외 3편	022
	김완기	두메산골 내 고향 외 3편	027
	김의배	고궁 달빛 기행 외 3편	032
	문재일	구경거리 외 3편	036
	백승운	가을 편지 외 3편	040
	서병진	문학은 삶을 윤택하게 하는 도구 외 3편	044
	송영기	제비 외 3편	048
	신영옥	사모곡 외 3편	052
	원용우	대보름달 외 1편	057
	조성국	사랑의 미학 외 3편	059
	조정제	바다로 가자 3편	063
	홍영복	엄마가 아빠를 만난다 외 3편	067
시	강구성	아버지의 등 외 3편	073
	강명옥	고운님을 보내며 외 3편	078
	공대천	어린 새의 노래 외 1편	084
	곽광택	행복은 외 3편	088
	금종성	지나는 길에 보았고 느꼈다 외 3편	092
	김길원	나의 길 외 3편	096
	김명선	울 어머니 나이 외 1편	104
	김승범	아침 외 3편	108
	김영석	내 고향 느티나무 외 3편	115
	김원규	라일락 향기는 청파를 넘어오고 외 1편	122
	김정희	요양원 작은 음악회 외 3편	124
	나영봉	쌀 봉지 외 3편	129
	모상철	바람이 불어 온다 외 3편	134
	박찬구	갈대숲 외 2편	138
	백문기	고희의 아침 외 3편	144
	서비아	백두산 외 3편	152
	서재용	하루 외 3편	157
	서주문	세상 삶 외 3편	165
	선형기	그랬듯이 외 3편	169
	신소미	입추 외 3편	175
	신윤호	천의 산 외 3편	181
	안중태	폐지 줍는 어르신 외 3편	187
	오동춘	산도라지 외 3편	192
	유영란	아버지께 드리는 봉헌문 외 3편	199
	유지업	고향 집 외 3편	209
	이연찬	그 이름 불멸입니다 외 3편	214
	이정원	석양의 노래 외 3편	221
	전홍구	그리운 날의 시 외 3편	227
	정상문	더 크게 더 멀리 보라 외 3편	231
	정순영	거듭남 외 3편	237
	정상문	더 크게 더 멀리 보라 외 3편	235

		제정호	그네 외 3편	243
		지성 김정희	장다리 꽃밭 외 2편	249
		최수분	초록의 숨결 외 3편	253
		최임순	손안의 세상 외 3편	257
동시		김종상	강아지였으면 외 3편	263
		한경희	가을 햇살 외 3편	267
수필		고응남	연말 되면 생각나는 1217 숫자 외 1편	272
		공대천	일기 3(술이 횡설수설하다)	277
		권영이	국토를 초토화시킨 극한 물 폭탄 세례와 노아의 방주 외 1편	279
		김원규	국물은 뜨거워야 맛이 난다	286
		김청	상족암의 공룡	289
		임무영	국군의학연구소를 찾아서	293
		최대락	한국 윤리학을 통한 바람직한 인성교육과 실천 방안	297
		홍순철	반려동물은 우리와 함께 살아가는 가족이다.	302
소설		신강우	나트랑 현대중공업	314

한국문예대상 및 신인문학상 수상작

한국문예대상	임무영	눈꽃나비 외 1편	324
문학대상	김 청	초상화 외 2편	329
시문학대상	지성 김정희	폐광의 지평 위에 넘어선 시간들 외 1편	337

신인문학상

시조	나영봉	폭우 외 4편	341
시조	조용휘	꿈 외 4편	349
시조	최임순	내 고향 오동나무 외 2편	357
시	전종택	나무 외 2편	363
수필	강명옥	기적의 황금 반지	369
문학평론	김원규	단편 소설『가면』의 심리주의적 분석과 시대상의 조명	374
문학평론	송영기	만해 한용운 연보로 본 일생과 시평(詩評)	394

특집	한국문예작가회 문학세미나 및 특강		
	김원기 ǀ 자연에서 문학 소재를 찾아가자		406
	이규원 ǀ 詩의 構想과 名詩 쓰기		418
	김승범 ǀ 탐라어(제주어)는 어떻게 사라지게 되었나?		435

| 편집후기 | 편집부 | | 442 |

고향의 노래

김완기 사진·시조집
제2집

도서출판
아이비애드

Photo & Poem

詩,
풍경이 어우러지다
Poem, Scenery go well together

새샘 김의배 포토 포엠

도서출판
(주)동서문화출판사

인생, 대차대조표

선형기 시집

인생 별거 아닌 대차대조표
남에게 피해 주지 않고 큰 손해 없으면
그게 한평생 잘 사는 거다.

세종문화사

제88회 한국문예작가회 2025년 춘계문학기행 (이삭줍기및 역사문화 기행)

- 일시 : 2025년 5월 28일
- 장소 : 연포해수욕장 해변 및 해미읍성

제88회 한국문예작가회 2025년 춘계문학기행 이삭줍기및 역사문화
• 일시 : 2025년 5월 28일   • 장소 : 연포해수욕장 해변및 해미읍성

한국문예작가회 11호 한국문예 문학지 출판기념회
- 일시 : 2025년 6월18일   • 장소 : 서울 중구구민회관

한국문예작가회 11호 한국문예 문학지 출판기념회
- 일시 : 2025년 6월18일
- 장소 : 서울 중구구민회관

서병진 회장 '문학의 길 50년'

- 일시 : 2025년 7월 28일
- 장소 : 수원갈비스토리

제91회 한국문예작가회 2025년 문학세미나 평가회 개최

- 일시 : 2025년 8월 2일
- 장소 : 종로3가 삼해집

한국문예작가회 제15회 시화전
- 일시 : 2025년 9월 1일 (목)   • 장소 : 광화문역 교보문고 지하도

SBN 979-11-88787-38-8
ISSN 2635-7240

한국문예

Korean Literature and Arts

2025. Vol 12.

권두언		조정제
시조		김영순 김완기 김의배 문재일 백승운 서병진 송영기 신영옥 원용우 조성국 조정제 홍영복
시		강구성 강명옥 공대천 곽광택 금종성 김길원 김명선 김승범 김영석 김원규 김정희 나영봉 모상철 박찬구 백문기 서비아 서재용 서주문 선형기 신소미 신윤호 안중태 오동춘 유영란 유지업 이연찬 이정원 전홍구 정상문 정순영 제정호 지성 김정희 최수분 최임순
동시		김종상 한경희
수필		고응남 공대천 권영이 김원규 김 청 임무영 최대락 홍순철
소설		신강우
한국문예대상		임무영 **문학대상**	김 청 **시문학대상**	지성 김정희
신인문학상(시조)		나영봉 조용휘 최순임 **신인문학상(시)**	전종택 **신인문학상(수필)**	강명옥
신인문학평론상		김원규 송영기
특집		김원규 이규원 김승범

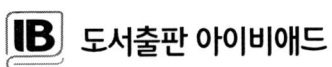

도서출판 아이비애드

권두언

한국 문단의 운율 문화

조정제 / 한국문예작가회 고문

아리스토텔레스는 '모든 예술은 음악을 그리워한다.'라고 하였다. 예술은 음악의 모태에서 비롯되고 자란 셈이다. 시, 시조 등 운문(韻文)은 문학 장르 중에 음악성이 가장 두드러진다. 운문은 산문을 읽을 때와 달리 어떤 음악성을 느낀다.

한국 사회는 반복 미 등 운율 문화가 시는 물론 팝송이나 대중가요, CM송에까지 널리 자리 잡고 있다. CM 송은 농심의 '새우깡에 손이 가요'가 대표적이다. '손이 가요'가 20회 넘게 반복되고 있다.

운율은 외형률과 내재율로 나뉜다. 외형률은 일정한 글자 수(音數律), 일정한 위치(音位律), 일정한 끊어 읽기(音步律), 일정한 음의 고저장단(音聲律) 등의 반복을 통하여 느껴지는 음악성을 말한다.

내재율은 외형률과 같은 규칙성이 없이 시를 읽을 때 의식하지 않아도 어떤 운율이 느껴지는 경우를 말한다. 그러나 시를 낭송하면 산문과 다르게 반복 감이나 리듬감이 안으로 숨겨진 운율이다.

우리 시문학은 반복 미를 통한 음악성을 두루 잘 살리고 있다. 김소월의 '엄마야 누나야 강변 살자', '예전에 미처 몰랐어요' 박목월의 '구름에 달 가듯이 가는 나그네', 정지용의 '그곳이 차마 꿈엔들 잊힐리야', 서정주의 '눈이 부시게 푸르른 날은 그리운 사람을 그리워하자' 등이 반복 미의 감칠 맛 나는 사례이다.

한국 시 문화에서 반복 미와 운율감을 살리지 못하였으면 오늘날 누리는 우리 시 문화의 지위를 맛보지 못하였을지 모른다. 하지만, 최근 시조는 창과 결별한 이후 반복 미나 음악성이 오히려 기세를 잃어가는 느낌을 준다. 시조는 외형률의 형식 속에 안식을 즐기고 있는 거 같다.

우리 시조는 정형적인 구조가 음악성을 내재하고 있어서 창과 결별한 후에도 가사로 작곡이 되어 대중에게 가곡으로 널리 불리고 있다. 이은상의 「가고파」, 「봄처녀」, 「옛 동산에 올라」, 「고향 생각」 등과 김말봉의 「그네」가 대표적이다.

그러면 영시의 압운과 우리 시 문단의 반복 미를 비교해 보자. 영시의 압운은 음의 위치, 음의 길이, 모·자음의 구분에 따라 분류된다. 음의 위치에 의한 분류는 문장의 처음 나타나는 두운(頭韻, alliteration, 중간에 나타나는 요운(腰韻, internal rhyme), 끝의 각운(脚韻, ending rhyme)으로 나뉘나 각운이 대표적이다.

음의 길이에 의한 분류는 단음운(單音韻), 단자운(單字韻), 음보운(音步韻), 구절운(句節韻), 문장운 또는 행운(行韻) 등으로 나눌 수 있다. 시조에서는 음보운(音步韻)과 구절운(句節韻)이 제일 많이 쓰인다. 행운이나 문장운은 자유시에서 자주 나타나나, 시조에서는 연시조에 간혹 등장한다. 단시조는 짧아서 행 단위로 압운을 도입하기 쉽지 않다.

시조는 이외로 압운의 도입과 활성화가 기대에 미치지 못하고 있다. 아마도 시조는 지금도 외형률을 맞추는 데 급급하는 듯하다. 이는 압운하면 서구 시나 한시의 단음운을 따라야 한다는 좁은 의미의 형식론에 치우쳐 있기 때문이 아닌가 싶다.

압운에 대한 이론은 좁게 보는 형식론과 넓게 보는 실질론으로 나눌 수 있다. 형식론자는 압운이란 음성론적 차원에서 상이한 단어의 동음 반복으로 보고 있다. 이 이론은 한시나 서구 시에 의한 압운의 단음 구조를 그대로 고수한다. 압운은 소리의 반복을 통하여 리듬과 음악성을 살려보자는 실질론의 차원에서 본다면, 언어 구조가 다른 우리 시에는 지나치게 좁은 견해라 할 수 있다.

한국 시에서의 압운론은 우리 언어에 부합된 한국 특유의 이론으로 새롭

권두언

게 정립하여야 한다(강홍기, 「현대 시의 운율구조론」). 우리는 압운을 넓은 의미로 확대하여 반복 미와 음악성을 살려야 한다. 영시의 압운법은 '한국형 압운'으로 폭넓게 이해하고 이를 원용한다면 우리 시의 리듬이 한층 더 윤택해지리라. 끝으로 졸시 〈서녘 하늘〉을 예를 들어 압운을 분석하고자 한다.

두 눈이 흐릿하매 산수화 그윽하다
두 귀가 흐릿하매 솔바람 삽상하다
들국화 향기로워라 오손도손 소곤소곤

이 단시조의 초장과 중장에는 두운 요운 각운 등 압운이 풍성하다. '두'는 두운이고, '흐릿하매'는 요운이다. '하다'는 각운으로 봐도 무방하리라. 종장의 '오손도손 소곤소곤'은 'ㅗ' 발음이 여덟 번 반복되는 모운(母韻)이고 그 속에 'ㄴ'의 반복은 자운(子韻)이다. 'ㄴ'자운은 자음 체계상 울림소리의 콧소리다. 종장은 들국화 무리가 향기를 뿜내며 바람결에 한들한들 콧노래를 부르는 듯하다.

조정제 I 경남고등학교 졸업, 서울대학교 영문학과 졸업, 미국 KSU 경제학박사 취득
· 가천대학교 석좌교수 역임, 前 해양수산부 장관, 바다살리기국민운동본부 총재, 국가원로회의 공동대표
· 수필 등단(2004), 소설 등단(2005), 시조 등단(2016)
· 한국문인협회 자문위원, 국제펜한국본부, 한국시조시인협회원
· 세계전통시인협회 한국본부 전통시번역연구소장, 한국문예작가회 고문
· 모란장 및 청조근정훈장, 수필문학상, 신인문학상(시조생활), 세계전통시인협회 공로상(2019), 한국문예 시조문학 대상, 시천시조문학상 수상
· 시조집 : 「도반」, 「파랑새」, 「해우소」, 「파도 소리」(The Sound Of Waves 시조 번역집), 「등대 시조를 밝히다」, 장편소설집 · 수필집 등 다수

시조

김영순

김완기

김의배

문재일

백승운

서병진

송영기

신영옥

원용우

조성국

조정제

홍영복

시조

고운사 천년 숲길

김영순

청량한 숲속 계곡 물소리 따라가며
한 걸음걸음마다 시름을 내려놓고
고운사 한적한 숲길 정화되는 내 마음

높이 곰 푸른 하늘 고운사 천년 숲길
상념에 젖어 들며 황톳길 타박타박
세속의 먼지 한소끔 털어내며 걷던 길

먼 옛날 고승들의 발자취 더듬으며
선현들 가슴속에 꽃 피운 호국 의지
우리도 가슴 절절한 애국애족 품는다

시조

진달래꽃 심는 마음

김영순

꽃밭에 꽃을 심고 마음 밭 사랑 심는
진달래 꽃동산에 시 심는 고운 손길
그 정성 살뜰히 받아 시심 가득 심고파

한그루 한 그루를 심고 또 심은 뜻은
뉘라서 알아줄까 알아 줄이 없어도
마음속 가득한 사랑 봄 동산엔 꽃 잔치

화사한 봄 인사로 분홍빛 사랑 가득
도안면 흰 소나무 진달래 함께 어울려
꽃들도 시인도 함박 웃는 경암 꽃동산

시조

소년의 꿈

김영순

"너는 커서 무엇이 될래?"
할아버지 무릎에 앉혀진 소년은
똘망똘망한 눈망울로
"의사가 될래요. 아픈 사람 고쳐주는"

어느 날 아버지는 두 손 꼬옥 잡고
"넌 커서 무엇을 하고 싶니?"
"글을 쓰고 싶어요
사람의 마음을 진하게 울리는 글을"

꿈 많던 어린 시절 행복했던 그 시절
전쟁의 포화 속 소용돌이로 가족조차 잃고
모든 것은 남김없이 사라졌다

온갖 궂은일 이겨내던 청년은
겨울 나그네로 고뇌의 시절 견디며
삶의 터전 살뜰히 일궈 냈다

시조

소년은 다시 꿈의 나래 활짝 피워
아름다운 의술로 찬란한 문학으로
꽃동산을 꿈꾼다

누구도 하지 못한 일
그 누구도 가지 못한 길

꽃과 함께 어우러진 문학의 성지
사람의 마음을 보듬어 주는 그곳
열정으로 일궈 낸 어릴 적 소년의 꿈은

진달래꽃 함박 웃는 꽃동산에서
시로 사랑으로 문학의 꽃으로
영원히 영원히 함께하리

시조

비인해변의 철모바위

김영순

서해랑길 57 바닷가 고운 해변 끝자락
오랜 풍파 이겨낸 세 그루의 해송은
깎이고 깎인 세월 철 따라 외로운 섬
누군가 철모바위라 불러주는 그 이름

일몰의 찬란하던 핏빛의 윤슬 따라
아련함 두고두고 수심에 잠재우고
임 향한 일편단심 손 모아 기도하는
별들의 고운 속삭임 아시려나 파도여

바위가 자갈 되고 은모래 될 때까지
해풍에 서린 천년 서러운 기다림 속
오늘이 순간 오매불망 그대 고이 품으리

김영순 | 월간 「신문예」 시 · 수필 · 소설 데뷔
· 한국문예작가회 행사운영국장, 인사동시인협회사무국장, 국제펜한국본부
· 공무원문학회 · 은평문협 · 새한국문학회 · 단테문협 회원, 한국국학진흥원 자료조사원, 한마음 문학기행 제14 · 15대 회장, 은평향토사학회 부회장, 대한적십자사 정년퇴직, 사회복지사 1급
· 제1회 월이 시 노랫말 은상, 제11회 에스프리문학상, 제8회 하이데거문학상, 제3회 서울시민문학상 수상 등

시조

두메산골 내 고향

낭윤 김완기

충청도 두메산골 남한강변 내 고향은
첩첩이 둘러싸인 산속에 자리 잡아
하늘만 빠끔히 보이는 우물 안의 개구리

천등산(天登山) 뒤로하고 지등산(地登山) 인등산(人登山)이
사방서 보초 서며 든든히 지켜주는
삼등산(三登山) 보호를 받는 안락(安樂) 마을 이래요

어릴 제 소꿉친구 이웃들 떠났지만
대 이어 살아왔던 꿈에 어린 터전인데
오백 년 느티나무 홀로 고향마을 지킨다.

시조

꽃피는 4월

낭윤 김완기

4월이 다가오니 꽃들이 활짝 웃어
저마다 얼굴 들고 예쁘게 봐달라며
잠에서 깨어난 꽃들이 앞다투어 손들어

유채꽃 활짝 피어 들판을 꽉 메우고
진달래 개나리가 산과 들 뒤덮어서
저마다 장기 자랑하며 잘났다고 뽐내요

날씨가 따뜻해져 즐거운 마음으로
가족들 나들이로 산과 들 찾았더니
꿈에도 잊을 수 없던 고향 모습 떠올라.

시조

새집의 가을맞이

낭윤 김완기

산골의 고향 집이 낡아서 허물어져
새로이 집을 짓고 마루에 걸터앉아
밤하늘 우러러보니 하늘마저 새롭다

무더운 여름 가고 선선한 바람 부니
별들이 반짝이는 은하수 바다 위에
돛단배 저어가는 달에 뱃사공은 안 보여

살인마 폭염 속에 목청 높던 매미들도
자연의 섭리대로 자취를 감추더니
글 읽는 귀뚜라미 소리 베갯머리 적신다.

시조

단양팔경 중 도담삼봉

낭윤 김완기

소금강
옥순봉과
거북 모양 구담봉이
수중의
도담삼봉
깎아 세운 석문 함께
돌과 물 조화를 이루어 단양팔경* 되었지

팔경 중 으뜸가는 도담의 삼봉 형제
옛 모습 변함없이 정겹게 서 있는데
너무나 고요한 분위기 적막감이 쌓이네

시조

멀리서
달려오는
요란한 모터보트
큰 물결
일으키며
휘돌아 지나가며
묘기를 연출해 보이니 멋진 풍경 탄생해.

*단양팔경 : 충청북도 단양군 주위에 있는 8개의 명승지(옥순봉, 구담봉, 도담삼봉, 석문, 상선암, 중선암, 하선암, 사인암)를 말한다.

김완기 | 아호 낭윤(烺昀), 시조시인, 사진작가 1944 충주 출생
- 「한국문예」 신인시조문학상(2023)
- 서울 성북교육장, 교육부 초등교육정책과장 역임
- 대한민국사진대전 초대작가, 한국사협 운영자문위원
- 황조근정훈장, 서울사랑시민상, 대한민국사진문화상
- 김완기 사진 · 시조집 「정겨웠던 순간들」 출판(2023)
- 「한국문예」 시조문학대상(2024)
- 「한국문예」 신인수필학상(2025)

시조

고궁 달빛 기행

김의배

고궁의 가을밤에 초롱불 밝혀 들고
창덕궁 달빛 기행 설레는 밤이어라
임금님 주무시던 밤 정적만이 흐른다

팔각정 누각 위에 대금 소리 처량하고
지나는 나그네의 마음이 소슬하네
소쩍새 울음소리도 애절함을 더한다

세상은 고요하고 만물이 잠드는데
내일을 기약하며 꿈꾸는 밤이어라
꿈속에 지은 몽유록 꿈꾼 이는 누군가.

시조

고궁 산책

김의배

나 홀로 사색하며 고궁을 거닐었네
그 옛날 궁인들의 생활상 그려보네
모두가 생소한 모습, 남의 조상 같구나

세상이 발전하고 생활도 변하여서
그때는 한복이고 지금은 양복이네
겉모습 바뀌었어도 핏줄만은 같구나

임금과 신하들이 정겹게 거닐던 곳
건물은 그전대로 자리를 지키는데
나무만 우뚝 선 채로 외로움을 달랜다.

시조

고궁에서

김의배

고궁에 친구들과 봄마중 나갔는데
꽃샘추위 시샘해도 새싹은 움이 나고
새들은 즐거운 노래 시끄럽게 부른다

앙상한 나뭇가지 실눈을 뜨고 있다
옷깃을 파고드는 봄바람 쌀쌀해도
오는 봄 막지를 못해 꽃소식을 전한다.

시조

공작새의 춤

김의배

남이섬 무대에서 공작새 날개 펴고
사람의 관심을 한눈에 받고 있다
미녀들 앞에 나와서 온갖 맵시 뽐낸다

사람들 신기해서 카메라 들이대고
그 모습 감탄하며 사진을 찍으니까
자신의 우아한 모습 신이 나서 자랑한다

연기가 힘들 텐데 연속해 춤을 춘다
근육을 다 움직여 깃털을 세우면서
억지로 꾸미지 않고 자연스레 펼친다.

김의배 l 「한국수필」 수필(1998), 「미래시학」 시(2023), 「한국문예」 시조(2025) 등단
· (사)국제PEN한국본부 부이사장, (사)한국문인협회 대외협력위원, (사)한국수필가협회 부이사장, 한국수필작가회 회장 역임, 한국문예작가회 지도위원
· 한국사진작가협회 홍보위원회 위원장, 실버넷뉴스 기자(편집국장)
· 포토에세이: 「백두산 일출」외 3권, 그 외 공저 다수. 사진시집: 「詩, 풍경과 어우러지다」 한국수필문학상(2014) 외 다수.

시조

구경거리

남촌 문재일

귀솔깃
쏙 나와서
꼼지락 양말구멍

실 바늘
다소곳이
정성을 깁고 산다

선반 위
반짇고리 보
어머니의 보따리.

시조

분당 자리

남촌 문재일

행복한 숯내 쉼터 둥지 터 더 좋아라
수달이 언제 왔니 일급수 어찌 알고
초가을 오손도손 길 별빛까지 내려와

저녁놀 붉게 물든 버들치 재주 자랑
너구리 식구 자랑 꼬리치며 뒤뚱 뒤뚱
노후엔 울창한 마음 숲 길 나눠가며 살고파

시조

고향 맛

남촌 문재일

남도의 맛깔나는 손맛을 느껴볼까
맛오른 보성 벌교 만나니 꼬막 거리
카아아 소주 한 잔에 옛생각이 절로나

오랫만 화순사평 감칠맛 다슬기국물
몸보신 흑염소탕 푸짐한 한 뚝배기
어제나 먼 훗날에도 토종 맛이 살아나

시조

화담숲 가는 길

남촌 문재일

산등성 노래하고 연못이 말 건네고
폭포수 아우성에 구름이 춤을 추니
지친 이 토닥여 주는 숲 그대 이름 화담여

졸졸졸 물소리 길 가쁜 숨 안아주며
걸음을 가득 채워 풍경채 녹아드니
맘 너른 선현이 쓴 교향곡 신이라고 부르리

이 여름 분양 받아 펼쳐 논 수국 천지
한 걸음 뗄 때마다 바람결 뛰어넘어
오늘은 세상만사 홍 여기에서 취한다.

문재일 | 광주교육대학, 서울교육대학교 졸업, 건국대학교 교육대학원 졸업
· 서울대모초 · 금북초 · 양진초 교장 역임
· 효행모범교사 교육부장관 표창, 교감자격연수 최우수 서울교대총장 표창, 황조근정훈장
· (사)한국방과후학교총연합회 총재(상임고문)
· (주)올인에듀케이션 창립(상임고문),(주)다옴별 대표
· 『한국문예』 시 부문 신인상 수상, 한국문예작가회 지도위원
· 시집 :『별꿈 꾸는 할아버지』외

시조

가을 편지

백승운

불벌레 온다 하고
매미는 간다 하는

가을날 바람 편에
띄우는 사랑 편지

내 사랑 담뿍 담아낸
가을날의 행복함.

시조

맥문동 피면

백승운

사랑을 하나보다
왜 이리 예뻐 보여

웃음꽃 얼굴 가득
넘치는 행복함에

세상은 보랏빛 사랑
넘쳐나는 한세월

키 높은 나무 아래
구석진 응달에서

사랑만 가득하니
저리도 이쁜 모습

누구든 사랑한다고
고백인들 못 할까.

시조

반딧불이

백승운

당신은 어디에서
어둠을 살라 먹고

떨어진 별이 되어
사라져 멀어질까

그리움 빛나는 밤에
울부짖는 몸이 여

당신을 만나는 건
달빛도 돌아서고

마음이 순백처럼
깨끗이 맑아져야

온전히 마주할 영광
주어지는 빛이여.

시조

황혼

백승운

청춘을 여름처럼
보내고 찬바람에

멋스런 단풍나무
날마다 붉어지다

무서리 내리는 날에
바람처럼 떠나네.

백승운 | 아호: 도각(道角), 가암(嘉岩), 경북 성주 출생
· 현) 알에스오토메이션(주) 전략영업팀 상무 재직
· 좋은문학 창작예술인협회 시 부문 신인상(2018), 대한문입협회 행정국장, 한국문예작가회 감사, 시와창작 사무총장
· 위대한 한국인 대상(2019), 향토문학상 은상(2024년), 한국문예 제11회 백일장 차하(2023), 순 우리말 공모전 은상(2023년), 한국문화 예술인 금상 (2022년), 지하철 승강장 시 공모전 당선 (2019년), 신춘문학상 공모전 금상(2021년)
· 시집「가슴을 열고 심잠을 훔치다」(2023년)

시조

문학은 삶을 윤택하게 하는 도구

서병진

문학은
나의 삶을
꽃동산 되어준다

벌 나비
찾아들어
짝지고 열매 맺는

참삶을
윤택하게끔
도와주는 도구다.

시조

예쁘다

서병진

이쁘다 참 예쁘다 무엇이 이쁘다고
얼굴이 예쁘지요 입술은 참 이쁘지
피부도
하얀 피부에
그냥 이뻐 이쁘다

힘살이 이쁘다고 그것 다 이쁘지요
손가락 가느다란 하기에 좋겠다고
참 좋다
참말로 좋다
그냥 좋다 예쁘다.

시조

고성 홍가리비

서병진

가리비 홍가리비 고성의 청정해역
길러낸 수산물 중 특산물 일품이다
맛보면 너도 나도에 해가는 줄 모른다

해마다 신선한 맛 입맛을 돋우는 맛
고성의 특산물이 식탁에 올라가야
극찬에 참맛을 알면 옆에 누구 있느냐

고성의 자랑하는 해산물 홍가리비
언제나 찾아 먹고 또 찾는 마음으로
입맛에 모여 이야기 길이길이 기르자.

※주 : 고성은 경남 고성(固城)

시조

종로거리

서병진

서울의 거리로서 교통은 중심거리
대중의 문화거리 편안한 마음으로
먹걸이 많은 거리라 호주머니 가볍다

밤거리 요란하고 별들과 친구 되어
젊은 층 집중 모여 주장의 소리 높여
술잔에 담아서 높이 흔들면서 여기다

정치나 행정으로 앞서는 종로구다
청와대 민속관의 역사 속 북한산의
남산을 바라보면서 이 땅으로 지킨다.

서병진 l 교육부 교육전문직 공채시험 12명 합격자 중 수석합격
· 교육부·교육청 장학사 및 감사관, 고등학교장 역임
· 1975년 칠오동우 외 데뷔, 한국문인협회 위원, 국제펜한국본부 이사·자문위원, 한국현대시인협회 지도위원, 한국문예가회장, 「한국문예」 발행인
· 국민훈장, 한국시문학대상, 한국시조문학대상, 한국문학대상, 한국문학명인대상, 한국문학공로대상, 문학의 길 50년 감사장(패) 외 40여 회 수상
· 논문집 14집, 수필집 1권, 칼럼집 1권, 시조집 4권, 시집 「이파리 없는 나무도 숨은 쉰다」, 「문학기행은 이삭줍기」 외 12권

시조

제비

송영기

빨랫줄 옹기종기 모여 앉은 어린 형제
천만리 머나먼 곳 엄마 고향 들렀다가
새봄에 고향 집 찾아 돌아와서 지지배배

시조

말복 날 앉아

송영기

봄 언덕 벚꽃 길을 걸었던게 엊그젠데
오늘은 선선한 건 어제 내린 소나기 공
폭염에 지친 몸과 맘 위로하여 주누나

선풍기 바람 춥고 밖에는 또 빗소리
무료히 앉았는데 바깥 하늘 잿빛이고
어느새 시름만 남고 무더위는 가누나

시조

꽃을 보면

송영기

폭포수 앞에 서면 폭포수 즐겨보듯
꽃 보면 바쁘다고 지나치기 쉽지 않아
가던 길 잠시 멈추어 다가가서 꽃 보네

꽃바람 신바람은 얼굴 없는 유령인데
말없는 꽃이 알고 이리저리 흔들리니
바람의 비단 같은 손 꽃은 좋다 춤추네

더워도 꽃은 피고 화창하니 더 빛나서
백일홍 무궁화꽃 나리꽃 맨드라미
계절 꽃 활짝 핀 곳에 그 꽃 보고 가누나

시조

영물(靈物)

송영기

장닭은 어이하여 새벽마다 홀로 깨서
거느린 암닭들이 횃대에서 조는 시간
머리에 인 붉은 벼슬 감당하려 저리 우나

어둠을 몰아내고 밝은 빛 빗장 열려
저 하늘 우주 향해 혼신 다해 우는 습성
태초에 해와 수탉은 숙생 인연 있나보다

오경(五更)에 시작해서 날 다샌 아침까지
우렁찬 쇳소리로 새벽 문 울어 열 때
계명성(鷄鳴聲) 멀리 퍼지고 샛별 높이 떠 있네

송영기 | 아호 : 도운(都雲), 유산(楡山), 충북 영동군 추풍령면 출생
· 경북 김천고 졸업, 국민대학 법학과 졸업, 고려대 경영대학원 이수
· 천경해운(주)1979년 입사, 와이케이 쉬핑(주) 대표이사, 글로벌뉴스통신 기자, 시조시인
· 한국문인협회, 현대시인협회, 영동문학, 천성문학 회원, 맥향문학회 회장(전), 이목회 회장(전), 강북문협 부회장(전), 문학그룹 샘문 부이사장, 한국문예작가회 부회장.
· 좋은문학창작예술인협회 신인문학상(2017.3), 샘문 수필 최우수상, 샘문(샘터문학)시조부문 대상(제10회), 신문예 본상 수상(제10회), 한국문예기행문학상(2020, 2022, 2024), 한국문예시조부문 대상(2022), 천등문학상 본상(2022), 한용운 문학상(시조부문 우수상, 2022)
· 저서 : 송영기 시조집「중천 높이 걸린 저 달」푸른사상 2018

시조

사모곡

혜산 신영옥

어머니 그 손톱을 꼭 빼 닮은 나의 손톱
봉숭아 꽃물들이던 아로새긴 그 날들이
갈수록
깊은 정 솟아
텅텅 비는 내 가슴

열두 폭 모시치마 두 폭을 선뜻 베어
땀받이 속적삼을 만들어 주신 손길
다지고
여민 옷깃에
시원했던 그 여름들

어머니 그린 마음 갈수록 골 깊어도
뵐 수 없고 들을 수 없어 안타까운 마음들이
어머니
부르는 마음
인문학의 터전 되네.

시조

동백꽃

신영옥

동지선달 칼바람을
입술로 막으면서
못 다한 정이 넘쳐
붉게 타는 너의 마음
아늑한
안 방을 나서서 겨울 빛을 비추 누나

가슴이 뜨겁기야
나 또한 너만 하니
진종일 기다리는
그리움을 감싸 들고
살며시
빗장을 여는
수줍은 꽃잎이여

함초롬 꽃단장에 그님을 그리 고저
동백 새 넘나드는 돌담길에 피어나니

시조

사랑은
만남이 시작이라 꽃길을 열어가네.

시조

겨울 설악산

신영옥

일상에 걸친 옷을 백설로 차려입고
울산바위 찾는 발길 대청봉도 마주하니
풍악산
달그림자에
동해물도 반겨든다

검 바위 푸른 옷에 별빛이 찬란하니
영랑호 황금 달빛에 우뚝 서는 산줄기들
설악산
겨울 풍광에
다가오는 백두산

남 설악 북 설악 계곡 마다 푸른 정기
주전 골 훌쩍 지나 오색약수 다다르니
신명한
천연 약수 맛이 생수의 으뜸일세.

시조

통일 전망대에서

신영옥

태초부터 함께 자란 태백산맥 높은 기상
긴 세월 등 기대고 통일 전망대 가는 길
이어진
청청한 줄기 남북이 하나여라

동해에 내린 날개 새들이 분명하다
살얼음에 시린 발로 조심조심 헤엄쳐도
새들은
휘파람 불며 천지간을 누벼난다

잡초만 우거진 우리들의 기름진 땅
반만년 삼천리에 옥살이가 웬 말이냐
철조망
70년 아픔에 새겨지는 홍익정신.

신영옥 | 아호 혜산
· 시, 시조시인, 아동문학가
· 인문학 강사, 신영옥 작시 가곡 선집, 1000여곡 저작권 등록
· 시집 : 『스스로 깊어지는 강』 『산 빛에 물들다 -영역』 외 다수

시조

대보름달

원용우

동네 사람 몰려나와
사물놀이 구경한다

북소리 장구 소리 꽹과리 치는 소리

하늘엔
징치는 소리 방짜유기 춤추네.

시조

당신 생각

원용우

호박꽃 피던 얼굴
갈대머리 덮어쓰고

향보다 고운 마음
펼쳐 보지 못한 나래

무심(無心)한
바람이었나
장명등(長明燈) 홀로 밝다.

원용우 | 서울대학교 국문학과 졸업, 고려대학교 대학원 박사과정 졸업(문학박사), 한국교원대학교 교수·학장 역임
· 1975년 「월간문학」 시조 신인상 등단, 한국문인협회 자문위원, 한국시조협회 고문, 서울문학광장 이사, 한국문예작가회 상임고문, 「한국문예」 문학상 심사위원장, 여강문학관 건립 개관
· 한국문예대상, 일두시조문학상, 월하시조문학상, 한국문학상 수상.
· 저서 : 제9 시조집 「맛있는 시조」, 원용우 팔순문집 「여강(如江)의 삶과 문학」, 「고전문학 논해」, 「시조문학원론」, 「시조 이렇게 써라」, 「운곡 원천석선생의 절의정신」 외 다수

시조

사랑의 미학

조성국

지팡이를 짚고서
지팡이를 찾던 날

백비탕(白沸湯) 대접에
어머님이 떠오른 날

이런 날
까만 그리움이
정수리로 맴돈다.

시조

낙엽

조성국

칠보 단장 차려입고
춤을 추다 날아가네

그 어느 바람결에
소식 없이 저 하늘로

나도야
떠나는 날도
그랬으면 좋겠어.

시조

어느 골목 바람 소리

조성국

해, 아니라 보내 놓고 손뼉 치는 골목 있고
보낸 해를 못 잊어 고개 숙인 골목 본다
새 하늘 물고 오른 해야
자유의 빛 밝혀라,

모진 북풍 쇠 바람에 얼 붙던 지난날
남녘 더운 바람에 머리 틀고 일어서
이제는 엄지척 치켜들고
어깨 펴고 살아가

동력 있는 나라라고 앞다퉈 찾아드니
G7을 앞에 두고 우리 다시 일어서자
환상의 꿈 이루는 것
너와 나 거듭나야!

시조

흰 점의 주소를 묻다

조성국

조개 구름 사이로 하얀 점 하나가
반짝 빛을 내며 하얀 금을 긋고 간다
만상을 우직(迂直)수놓으며 우주를 질러간다.

뉘 하늘이라, 그리 울타리를 치고 가나
어느 임 씨알인지를 묻고만 싶어라
공경(空境)을 묻지 말라는 하늘 오늘 처음 보네요.

조성국 | 1997년 시조생활지 33호로 등단
· 한국문예작가회 상임고문
· 대표문학상 : 2010년도 서울시 문학상, 한국문예대상 외 다수
· 대표 저서 : 『철쭉꽃 사랑』 외 다수

시조

바다로 가자

조정제

최남단 마라도는 범고래 형상이다
등대로 흰 물을 품고 태평양을 내달리는
자 우리, 범고래 타고 먼 바다로 가자꾸나

거인이 백두에 앉아 대양을 바라본다
일본은 태풍 길 막아주는 우리 방파제
코앞에 호주가 뜨네 지구촌이 좁구나

바다(海)는 지구 어머니 그 품에 안겨보자
빙하는 눈물 흘리고 쓰레기 섬은 야단법석
앞으론, '바다를 살리는 자' 지구촌을 구할지라

※주 : 대한민국 최남단 마라도 고래 형상

시조

거진 명태축제 명태 고유문

조정제

명태'는 생선 계의 추사요 완당이다
생태 북어 동태 황태 코다리 노가리
그대는 뼈대 있는 가문 영원하리 그 명호

명태는 웰빙형이다 안 비리고 저칼로리다
명태 맑은탕 맛을 봐라 마늘과 소금 만 넣고
명태는 요리가 다양하다 황태국에 젓갈까지

힘든 삶이 반복되며 속마음 깊어지듯
찬 겨울 바람에 얼었다 녹길 반복하며
코다리 조림 속맛은 깊어지며 맛드네

명태는 도덕 선생 음양이치 가르치는
그 성하던 명태 풍년 한 여름 밤 꿈이었나
자, 이제 '돌아와요 님이여' 두 손 모아 비나이다

※주 : 명태도 명호가 많다. 秋史 金正喜 는 명호가 100 개가 넘는다. 완당 阮堂, 선객 仙客, 불노 佛奴, 방외도인 方外道人, 취옹 醉翁, 등등

시조

속초 동명항 해돋이

조정제

어선들 귀항하자 경매사가 새벽을 연다
등대는 아직도 휙, 사방으로 불을 비추고
바다엔 등표가 빤짝인다 노랑 초록 빠알간

해는 아직 무소식 수평선에는 구름 산
파도는 영금정 아래 바위를 켜고 있다
거문고 소리 들린다 갈매기도 소리하네

구름 산에 산불이 났다 일렬로 불이 탄다
옆 산으로 번져가네 설악산 정상에도
부채살 황금 화살을 쏜다 불 쑥 솟는 불덩이

시조

바다와 하늘

조정제

바다와 저, 하늘이 수평선에서 만나면
너 나 티 내지 않는 오손도손 소꿉동무
바다는 다 품어주고 하늘은 다 덮어주는

태풍이 불어닥치면 살풀이 춤을 추고
노을이 내려앉으면 청록파 시를 읊고
등대의 불빛 조을면 천상계 단꿈 꾼다

조정제 | 경남고등학교 졸업, 서울대학교 영문학과 졸업, 미국 KSU 경제학박사 취득
· 가천대학교 석좌교수 역임, 前 해양수산부 장관, 바다살리기국민운동본부 총재, 국가원로회의 공동대표
· 수필 등단(2004), 소설 등단(2005), 시조 등단(2016)
· 한국문인협회 자문위원, 국제펜한국본부, 한국시조시인협회원
· 세계전통시인협회 한국본부 전통시번역연구소장, 한국문예작가회 고문
· 모란장 및 청조근정훈장, 수필문학상, 신인문학상(시조생활), 세계전통시인협회 공로상(2019), 한국문예 시조문학 대상, 시천시조문학상 수상
· 시조집 : 「도반」, 「파랑새」, 「해우소」, 「파도 소리」(The Sound Of Waves 시조 번역집), 「등대 시조를 밝히다」, 장편소설집 · 수필집 등 다수

시조

엄마가 아빠를 만난다

맛샘 홍영복

웃으며 살라 했던 어머니 아른거려
주르르 눈물 줄기 안 운 척 얼른 훔쳐
천국문 활짝 열리던 날 엄마 음성 더 컸다

내 곁에 계셨는데 액자 속 이해 안돼
수북한 하얀 국환 한없이 피고 있다
애들아 눈물은 이제 뚝 아버지 손 잡았어

변하던 숫자들이 얼마나 야속했나
가만히 있질 않고 자꾸만 뒤바뀐다
철커덕 가슴 후려친 시간 아버지를 만났다.

시조

어버이날

맛샘 홍영복

아버지 떠오르는 오월의 새벽 창가
힘주어 쥐어주던 뼈까지 스민 온기
호탕한 그 웃음소리 푸른 하늘 퍼진다

손편지 밤글 한 장 눈맞춤 아침 인사
끄덕인 고개 아랜 사랑물 글 적신다
아빠의 구성진 가락 어버이날 들린다

하고픈 말 한마디 다듬어 적어놓고
쉬었다 다시 보니 이런 말 더 따뜻해
울아빠 빼닮은 이 딸 카네이션 드려요.

시조

그 사람

맛샘 홍영복

유기농 시조 맛을 반세기 삭혀내어
문화원 배움터에 정열꽃 피우신다
국보급 귀한 가르침 목요일은 내 생일

콩나물 시내버스 차창밖 둥근 얼굴
버거운 가방인데 보물 책 끌어안고
시조는 이렇게 써라 눈감아도 보인다

한 우물 깊게 파서 경지에 다다르니
그 음성 우렁차서 천장이 뚫어질라
세계인 놀란 토끼 눈 으뜸 엄지 흔든다.

시조

에스컬레이터

맛샘 홍영복

바위는 올라서고 가위는 내려서던
추억의 계단 놀이 후다닥 보고파서
사람은 가만히 서 있고 계단들이 걷다니

계단이 운동하고 사람은 부동자세
얼마나 변했는지 꿈길이 내 눈앞에
백 계단 오르락 내리락 그 친구가 그리워.

홍영복 | (전)서울 경일초 교장, 수필가, 시조시인(한국문예작가회), 아동문학가(월간문학세계), 시인(한국문예작가회)
· 인천교대 국어과 졸업, 신라대학교 교육대학원 상담심리학과 수료, 백석대학교교육대학원 상담심리학과 졸업, 서울서부초등도덕교과교육연구회 회장 역임, (전)세계문인협회 부이사장, 한국문예작가회 지도위원
· 맛글, 논술 지도강사, 교육진로 상담(학부모, 교사, 학생)
· 세계문인협회 문화예술공로상 수상

시

시

신윤호

안중태

오동춘

유영란

유지업

이연찬

이정원

전홍구

정상문

정순영

제정호

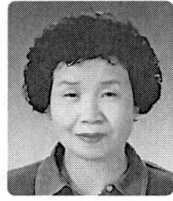
지성 김정희

최수분

최임순

시

아버지의 등

강구성

말없이 등을 돌리던
그 사람은
세상을 등에 지고 있었다

갈라진 손바닥에선
삶이 아니라 계절이 흘렀고
주름진 이마 위엔
무수한 세월이 스쳐 갔다

우린 늘
당연한 듯 전등을 켜고
따뜻한 밥을 먹었지만

그 모진 세월 속엔
아버지의 그림자가 있었다
한 번도 사랑한단 말을 듣지 못했던 우리 아버지

시

그 침묵 속에 삶의 무게가
세상의 어떤 고백보다 뜨거웠다는 걸

이제는 그 등보다
내 어깨가 더 넓어졌지만
여전히 나는 말없이
그 등 뒤를 따라 걷는다.

시

여주, 전원에 부는 바람

강구성

이곳엔 시계 소리보다
바람의 숨소리가 먼저 들린다
시간도 걸어 다니는 마을
여주의 전원 끝자락에 집을 나서고 나서야
비로소 나를 들여다본다

텃밭 위
고요히 몸을 말리는 햇살
굽은 나무가 피워낸 이름 없는 꽃 닭울음에 눈뜨고
커피보다 먼저 들이키는 안개

도시에선 잊고 살았던
침묵에서도 길이 있다는 것
자연을 닮아 가야 하는
의미가 감각으로 고요한 들판 위에
내 삶은 속도를 내고 있다.

시

불멍

강구성

따 따 악
타들어 가네
뜨겁게 뜨겁게

쩍 쩌억
타들어 가네
검붉게 검붉게

내가 태우는 건
아련한 그리움
어릴 적 뛰어놀던 추억

내가 태우는 건
바로 나
있으나 마나 한 시간 불사르기.

*불멍: 불을 보면서 멍하게 있다는 뜻의 신조어

시

호박

강구성

파란 이파리
줄줄이 줄기 뻗어
거침없이 휘감아 오른다

깊은 땅
정기 끌어 올려
노랑꽃 활짝 펼치고

자신 한껏 채우고는
어우렁더우렁
주렁주렁 열매를 품네

생명의 찬가
나의 노래
우린 그렇게 사는 거다.

강구성 | 법무부 교정청 10년 근무, 인천시청 30년 근무
· 한국문예 시 부문 신인상 수상
· 한국문예연수원장, 한국문예작가회 운영이사, 문학사랑신문 중앙부회장
· 제44대 국무총리 표창, 제17대 해양수산부장관 표창

시

고운님을 보내며

강명옥(강유진)

고운 님
저물녘에 바람에 실려 가시는 그대의
앙상한 뒷모습을
나는 끝내 잡지 못하네

한때는 내 안에 머물렀던 고운 님
따스한 온기였건만
이제는 저 먼 하늘 끝 구름마저
 그대를 닮아 아련합니다

손끝에 맺히는 말들
다 부르지 못한 그대의 이름
가슴속 깊은 곳에 묻어두고
나는 오늘도 보내는 연습을 합니다

봄이면 피어날 꽃처럼
언젠가 다시 올 수 있다면
그때는 이 이별도 한 편의 시가 되어
그대 가슴에 머물길

시

노인의 길은 빛난다

강명옥(강유진)

주름진 손위에
눈가에 고인 주름마저
웃음으로 반짝인다

고요한 새벽을 깨우며
느릿느릿 걷는 발걸음 속엔
수많은 날이 담겨있다
사랑도 눈물도 슬픔도 희망도
세상 모두를

백발의 머리카락 사이로
지혜가 흐르고
조용한 침묵 속에
이야기들이 꽃핀다

젊은 날이 그리운가?
아니다

시

그들은 이미 수많은 봄을 살아냈으니

　오늘도 정원을 바라보며
　작은 풀잎에 말을 건넨다
살아온 날만큼
살아갈 날도 평온하고 아름답길

그들은 늙는 것이 아니라
지혜가 깊어지는 것이다

그들의 삶은 낙엽처럼 별처럼
가만히 빛난다.

따뜻한 인생

강명옥(강유진)

햇살 한 줌
그것만으로도 마음은 눈을 감는다
바람이 스치는 길목마다
누군가의 웃음이 피어 있다

아침을 여는 차 한잔의 온기
낯선 이의 작은 배려
오래된 친구의 짧은 안부
그 모든 것이
삶을 데우는 불씨가 된다

인생은 거창하지 않아도 좋다
소박한 밥상에의 된장국처럼
마음마저 녹여주는 온기가 있으면
그걸로 충분하다

때론 눈물도 흘려야

시

따뜻함이 얼마나 귀한지 안다
겨울이 있어야
봄이 얼마나 아름다운지 알듯이

우린 모두
누군가의 햇살이 되어 살 수 있다
차가운 세상에 따뜻함을 보태며

시

고향의 푸른콩잎

강명옥(강유진)

아침 햇살에 씻긴 맑은 공기
입안 가득 퍼지는 푸른 콩잎 향기
첫 이파리 터트린 봄처럼
살짝 씹으면 싱그러움 가득하네

은은한 쌉싸래함 사이로
대지의 속삭임이 번지고
촉촉한 바람의 한 줄기가
혀끝을 스치고 지나간다

마치 푸른 계절 하나를
고이 삼키는 느낌
옛 추억 사방 우리 동네 밥상 위
자연이 놓고 간 푸른 콩잎

강명옥(강유진) l 가족사랑 방문요양 부천센터장
· 서울 사회복지대학원 지도교수
· 어린이집 경영, 재가복지운영, 복지용품 운영

시

어린 새의 노래

공대천

너무 일찍 둥지를 떠났다

할미 새, 오빠 새의 귀 따갑던 간섭이
사랑인 줄 몰랐다
기억도 없는, 사별한 어미 새를 그리워하며
작은 깃털을 세워 본다

그러다
외로움이 사랑인 줄 착각해
너무 빨리 알을 낳은 후회,
지난 바람의 남자들을 숨기고 만다

아직도 걸려있는 가슴 속 아픔

다시 하늘을 날고 싶어
날개를 퍼덕이는 허망,
그래서 용서를 구하는 눈물이

허한 하늘에 걸려있다

숨을 고르면서
자기만의 욕심으로
내일을 향한 날갯짓
새로운 세상을 위한 깃털의 먼지를 털어주는

긴 시간 동안 미루어왔던 용서가
하늘 위로 퍼져간다

어린 새는, 아직도
먼 하늘만 동경한다
그 옆에서 숨을 쉬는 행복이다

시

술이 고프다

공대천

종로3가 길고 좁은 골목 피맛길
간판 없는 식당
주머니 가벼운 글쟁이들이 모이는 곳
한 사내
2천 원짜리 시래기국밥이 나오기도 전
머리는 참아야지 하면서
습관에 젖은 입술이 움직인다
소주를 부르는 알콜 중독자
혼자여서 뒷모습만으로 걸어 왔을 사내
떨리는 손으로 외로움으로 닫힌 아침을 술로 연다
어젯밤의 끝내 녹여지지 않았던 문장
메모지 위에 찾아오지 않는 여자를 인수분해 하며
벌써 두 병째다

구석진 자리 다른 한 사내
머리를 쥐어짜는 사내를 보며
더 미치도록
풀어내지 못한 사유(思惟)를

시

징징거리며 막걸릿잔에 따르고 있다

닮아가는 두 사람
알콜 중독은 합동(合同)이다
서로를 잘 아는 사내들 모르는 척 눈 마주침 없이
찾아오지 않는 시를 벌컥이고 있다

여자와의 해후(邂逅)가 너무나 길다 그래서, 그래서…
술이 고프다

공대천 | 1950년 통영 출생
· 70살에 글쓰기에 접한 늦둥이
· 2020년 『문학시대』 시, 『국보문학』 수필 등단
· 한국문예작가회 자문위원
· 국보문학 작품상, 문학신문 수필 대상 수상
· 산티아고 순례기『등 뒤에서 부는 바람』 외

시

행복은

곽광택

행복은
그대 귓속말에
사랑의 밀어를 남기는 것

행복은
함께 걸어가며
사랑의 노래를 부르는 것

행복은
너와 나의 가슴에
작은 파도를 만드는 것

행복은
내일을 꿈꾸며
아름답게 설계를 하는 것

행복은 사랑의 무지갯빛 사닥다리

시

농심

곽광택

농심은 어머니의 고향이다
고향은 언제나 아름다운 추억이다

농심은 영원한 마음의 고향이다
자유 정의 진리의 샘터이다
농심은 자기만의 사랑이 아니다
이웃사랑 나라 사랑이다

농심은 아들이며 딸이다
믿음 소망 사랑이다

농심은 소박한 마음이다
된장찌개의 맛이다
신토불이다

시

사랑의 그림자

곽광택

그리울 때 하늘을 보면
내 마음도 너무 좋다

마음을 비우고
사랑을 비워두어
허우적거리는 외로움

님을 향한
사랑의 그림자
터질 것 같은 그리움

시

사랑은

곽광택

사랑은 눈으로 말하지요
깊은 잠에서도 다시 깨어나
눈빛으로 시작한다

사랑은 작은 일에서
너와 내가 함께 있을 때
아름답다

꽃 같은 사랑은
무한정 주고 싶을 때
제일 좋다.

곽광택 | 동작문인협회 명예회장, 한국문예 · 한국시사랑문학회 고문, 풍경문학회 자문위원, 국제
문단문인협회 자문위원, 한국문예작가회 고문
· 한국문예 문학대상
· 저서 :「용서의 미소」「친구에게 주는 사랑의 말」외 30 여권

시

지나는 길에 보았고 느꼈다

무외 금종성

태양이 불타는 한더위 아우성 소리를 들었다
낙산사 가는 길 해수욕장에서 들려오는
슈벨트의 사냥꾼의 합창 같은 젊고 힘찬 노래
가까이 다가가 보니 그것은 21세기 젊은이들의
영혼의 해탈을 시도 하는 듯 하나의 몸부림이었다
마음은 그 젊으면 속에 혼재되었지만 푸른 바다가 넘실대는
파도 속에 낙엽 하나 어디론가 흘러가는 서글픔도 느꼈다
젊음과 늙음은 꽃과 나비와 같이 한 몸통 같지만 젊은이들은
자유로운 영혼 이고 또한 시간의 간극이 존재하기에
낙산 앞바다 파도는 잔잔히 미소지며 갈 길이나 가라 손짓하고
낙산사 대불은 크라식의 힘찬 젊음에서 뛰쳐나와
어서 오라고 눈웃음을 친다
오늘
젊음을 보았고 늙음을 느끼며
피곤하지만 즐거운 여행을 다시 시작하기 위하여
살며시 웃음 띠며 가는 길로 액셀을 밟았다.

바람은 기도 하고 외쳤다

무외 금종성

돌아가리 돌아가리
바람은 기도 하고 외쳤다
하늘에 안기어 지나쳐 온 고향으로 돌아가리라
푸른 숲과 나무 넓디넓은 들판에서
노래 부르고 바다에서 춤추며 살아가리라
기도하였다

전쟁 같은 세상사 삶이기에
사랑하고 행복하고 즐기는 삶을 위하여 노력하지만
하늘이고 산이고 바다로 되돌아갈 수 없는 현실을
바람은
노래하고 춤추며 살기 위하여
밤낮 없이 노력하고 기도하였다.
돌아가리 돌아가리 지나쳐 온
수많은 그 세월 그 하늘로!

시

하늘조차 잃어버린 웃음

무외 금종성

무엇인지 알지를 못해 울지 못하고 웃기만 했었지
한번 가면 돌아오지 못하는 그런 고개였지
하늘보다 높고 바다보다 깊은
그러나 누구나 넘어야 하는 고개였지
시어머니의 탄식으로 며느리의 눈물로
숨이 넘어가고 가슴 터지는 괴로움과 고통이 있어도
넘어야 하는 고개였지

하늘조차 웃음을 잃어버리고
구름은 무심히 날고 세찬 바람 불어
할아버지 허리 굽게 하고
땡볕 열기는
앞 들녘 보릿고개로 거침없이 몰려들어
해 질 녘 출렁이는 밥 냄새는 골목에서 사라지고
솔가지 연기도 가마솥의 눈물도 사라져 갔지만
멍석 위 등잔불에 내일을 위한 가난한 사랑과 웃음으로
온 가족은 또 한 번 보릿고개를 힘겹게 넘었었지.

시

가늘어서 더 강한 명주실의 눈물

무외 금종성

까치밥 홀로 두고 외로움에 지친
감나무 잎새 하나
뒷마당에 소리 없이 떨어지면
대청마루 달 걸어 하루의 서러움 하소 하니
바람 먼저와 문풍지 울고
장독대 귀뚜라미 고부의 가슴을 탄식으로
헤집는다

한 겹 한 겹 한을 풀어
풀 죽여 다듬이돌에 펴 놓고
회한과 그리움으로 다듬는 창에 비친 두 그림자의
가늘어서 더 강한 명주실 같은 다듬이질 한의 소리는
밤을 잊은 채
담을 넘는다.

금종성 | 충남대학교 농과대학, 건국대학교 농축축개발대학원 석사
· 농림부 국립종축장 근무, 축산업협동조합중앙회 근무, 사료자원연구소 대표
· 용인시문협 회장역임, 사료자원연구소 대표, 한국문예작가회 자문위원
· 월간문학 공로상(2011년), 한국문예문학대상 수상

시

나의 길

김길원

당신이 있어 내가 있고
흑암과 혼돈이 공허 속에서
보이는 세상으로 태어나고

메아리 되어 드리는 음성
있든 없든
치유를 향해 흐르는 세월
<u>흐르고 흐르네</u>

음파는 고막을 흔들어
영혼을 채우고
숨소리 부드러움
오관을 지나니
우주의 향기 시절 따라
간직했네

지난 일은

시

오늘을 보이고
오늘은
내일을 가리키리니
의로운 행군, 길이 있는 한
당신과 함께
가고파 하네

시

좋아졌어요

김길원

좋아졌어요 입가의 맑은 미소
감사합니다 고개 숙인 인사보다
아침의 진료실 데워주지요

좋아졌어요 눈가의 밝은 미소
고마워요 고개 숙인 인사보다
정오의 나른함을 깨워주지요

좋아졌어요 청아한 고운 목소리
은혜 잊지 않겠다는 다짐보다
석양의 낙조를 붉게 하지요

어떠세요 물음 받은 다음 환자
나는 벌써 저만치 앞서가며
좋아졌어요 그 대답 갈망하지요

좋아졌어요 마디마다 한마디

시

오십 년 굴러온 수레의 동력
남산 뒷자락 돌아가는 태양

오늘도 힘을 얻어 내일로 달리지요.

시

할아버지 노래

김길원

할 일 많던 할아버지
아버지 시절

아들과 놀지 못해
마음 아쉬워

시간 흘러 다가온 할아버지 되어
아들의 아들, 딸과 친해지는가

초등 시절 내 동무
소풍갈 때에

할아버지 손목 잡고
산들로 갈 세

어린 마음 내 속에
불타는 아쉬움

나는 왜 할아버지 없나
마음 졸이니

나 나기 전 하늘나라
가셨다기에

한 없이 누구일까?
사진 앞에 섰네

나 이제 칠십 고개 넘고 넘어
봉우리에 오르니

손자손녀 새록새록
자라는 모습

행여 넘어질까
마음 졸이며

귀여움 구름처럼 솟아오르니
하늘처럼 끝이 없어라

할아버지 모르고

시

자란 아이가

십 년 세월 일곱 번
지고 펴더니

할아버지 마음을
알게 되었네

시

세포의 비밀

김길원

노화의 물결은 질병을 띄우고
망각된 시간 속에 고통이 따르리니

건강백세는 잘게 잘게 부서지고
즐거운 시간은 투병 속에 갖힌다

노화를 탐색하여 도마에 펼쳐서
이곳저곳 재치고 생수로 채우면

행복으로 물들인 석양의 광채
힘찬 걸음걸이 그날이 오리라.

김길원 | 전남대학교 의과대학 졸업
· 이비인후과 전문의 자격취득, 대한이비인후과학회 고문(현), 김이비인후과의원 원장(현)
· 서울시 중구의사회 부회장(전), 3·5대 서울시의회 의원(전)
· 「한국문예」 시 부문 신인상 수상(등단), 한국문예작가회 고문
· 국민포장 수상, 한국문예대상 수상
· 저서 : 「지방자치의 활성화 방안」, 「별꽃따다 고막으로 달아보자」

시

울 어머니 나이

송지 김명선

엄마
어언 엄마 나이가 되고 보니
엄마 맘을 알 것 같은데
그 자리 비워두고 어디 계세요
땅 을 치고 통곡한들
내 맘은 더욱더 쓰리네요
꽃다운 여인이
일찍이 옆지기 보내드리구
울 삼 남매 때문에
젊어 청춘 다 가도록
나이가 어언 88세 나이
푸르디푸른 청춘
다 잊고
팔팔하게 이상 없음을
외친다
늘 팔십팔 세
총명하시던 어머니

시

늘 팔십팔세부터
구십팔 세 좋은 것 나쁜 것
다 잊고 사신 울엄마 나이

시

발끝에 피는 사랑

송지 김명선

매번 양말을 구멍 내는
발톱 빨강 매니큐어를
발라 드리면
오늘 호강한다 잉
시집가도 되건네
워따 워따 이쁘다
고무신 신고 많이 걸으셔서
상처를 그냥 두어
매발톱이 되었다
어머니의 발톱은
내 눈물이다
내가 초등 때
고무로 된 큰 다라이
고등어 갈치 가득 싣고
갈치 사려….
울 어머니
요즘 손톱깎이가 잘 나와

시

어머니 발톱은

멋스럽게 변하였다

김명선 | 국악인 · 시인 · 시낭송가
· 2020년 전주대사습 장원
· 2016년 시인 등단, 시창 퍼포먼스 낭송가
· 한국문예작가회 운영이사

시

아침

김승범

밤새 거리를 헤매던 고양이
가느다란 실눈 뜨고
태양을 마주하며 하품을 한다

간밤 적막함과 어둠의 두려움
허기를 참던 전봇대 위 참새도
여명으로 높이 솟은 해를 보며

일제히 일어나 쩍 쩍 쩍
하늘로 솟구치며 날개짓으로
저기 봐라 저기 봐라 외치고

부엌에 어머니 고양이를 쫓고 나서
하얗게 흰 머리 태양 빛에 출렁이며
상큼한 아침밥 사랑으로 짓는다

시

바위

김승범

절제력을 잃은 파도
방파제를 넘어 세상을 향해
비켜라 소리치며 달려온다
간신히 막아서는 바위
그 등 넘어 신음소리 들린다
어깨에 매달린 천초
창백한걸 보면 힘겨웠나보다
바다보다 더 거친 세상일까
파도 수만큼 조각난 어깨 틈
이 어두운 밤
철썩
철썩
파도가 띠리는 뺨
조용히 맞고 있다

이제 그만
내 안에서 쉬게 하고 싶다

시

육십갑자의 탄생

김승범

근엄한 아침
덜커덩
하혈이 터졌다

사십육억년
빅뱅과 진화
생명이 탄생

이탈리아 르네상스
경험. 이성주의를 삼키고
오늘을 수놓는다

옥황상제의 출현
새해 첫날을 기하여
세배를 받는다

소는 삼일 전 출발

눈치 빠른 쥐는 소등에 타고
초 하룻날 새벽에 도착하여

대문간 일보 직전에서
번개처럼 펄쩍 뛰어내려
대문간 넘으며 넙죽 절하여

쥐가 일등 소가 이등
호랑이는 거들먹에 삼등
토끼는 안 잠자다 사등

용은 제 꾀에 넘어가 오등
뱀은 용을 따라가다 육등
말은 뱀 피하느라 칠등

초록은 동색이라
양은 말을 따라가다 팔등
원숭이도 재주넘다 구등

닭은 날지도 못하여 십등
개는 돼지 사정보다 십일등
돼지는 십이등도 헤삼삼

시

순서대로 상을 주니
쥐가 첫해가 되면서
연년이 띠가 정해졌다

천간 십간과 십이지를 순서로
甲子 – 乙丑 – 丙寅 – 丁卯 –
戊辰 – 己巳 – 庚午 –辛未 –

네 번 반복하면 육십 환갑
올해는 을사(乙巳)년 뱀에 의해
이젠 환갑, 지구는 돌고 돈다

시

메커니즘

김승범

그대와 나 사이
깜박거리는 신호등은
산파적 음원이다

추월선 넉넉하게 비워두자
먼저 온 누군가 함덕해변에
파라솔을 쳐놓을 수 있도록

꽃이 진정
꿀샘이 찔리는 아픔에도
미소 지을 수 있을까

철옹성의 견고한 문고리
닫혀서는 안 되는 사랑의 전율
당신 열기로 불을 켠다

그녀 내 안에서

시

바르르 떨며
꼼작 못하게 할 수 있을까

김승범 | 호 현암, 2005년 해동문학 등단
· 국제펜한국본부 회원, 한국문인협회원, 혜향문인협회원, 한국문예작가회 자문위원, 국보문인협회 심사위원
· 영미문학상, 백두산문학상, 한국문예대상
· 시집 : 「바람난 고양이」 외 4권, 수필집 : 「무수천 바람소리」 외 2권

시

내 고향 느티나무

춘남 김영석

형님은 내 어릴 적에
매일 같이 넘나들며 쉬어가던
내 고향 언덕 위의
커다란 느티나무입니다.
가슴은 누구보다 더 넓고
팔은 옆으로 활짝 펼친
어머님 같은
아늑한 품을 가진 나무입니다.

연둣빛 푸른 새잎으로
생명의 봄기운을 일깨우고

초록빛 무성한 잎으로
따가운 초여름 햇살 막아주며
붉은 듯 노란 듯 잎을 물들여

추운 겨울에는

시

당신 스스로 잎을 떨궈 포근한
이불을 만들어 주십니다.

미소 어린 얼굴 속에
세월의 온갖 풍상을
극복한 기품이 서리었고
푸르름이 넓게 펼쳐진 가지 위로
생명은 항상 충만하여 있습니다.

짙은 잎새에 감춘 당신의 내면은
부드러우면서도 강인하고
두꺼운 나이테 속으로
철학이 한없이 깊어만 갑니다.

그 옛날이 그리워
뒤돌아보면 언덕 위의 형님은
고향 집의 어머님이 되어
언제까지나 손을 흔들고 있습니다.

시

기다림

춘남 김영석

온다던 네가
꼭 올 줄 알고
기다렸지 뭐야
그만 갈까 하다
다시 그 자리
일어났다 앉았다
붙잡힌 듯 있었지 뭐야

결국
기다리던 너는
오지 않고
어둑어둑해졌을 때
나는 그만 집으로
발길을 돌려야 했어.

돌아오면서도
두고 온 마음이 걸려
자꾸자꾸
뒤 돌아봤지 뭐야

시

그날이 오면

춘남 김영석

주님 언제 언제나 오시렵니까?
구름 타고 하늘에 오르시던 모습대로
남몰래 오신다고 약속 하셨습니다

그날이 오면
주님 천군 천사도 함께 오시렵니까
무화과 피는 계절에 오시려나
기다려지는데
저 북녘땅 맑고 어둠 속에서도
늘 지켜보고 있습니다.

그날이 오면
뭉게구름 따라 우러러보렵니다.
그 수 많은 날 이 사악한 시대에
불타는 그 소망이 하늘에 닿아
두 손 모아 봅니다.

주님만 바라보며
고운 옷 단장 하렵니다.

사랑하신 주님 말씀 따라
약속하신 주님 오시려는 날 기다리며
주님 오실 날 기다리며
손꼽아 애타게 헤아려 봅니다.

우리 주님 오시는 그날까지
믿음으로 승리를 다짐합니다.

라고 본인의 시를 읊조리며
하나님께 감사드렸다.

시

카멜리야

춘남 김영석

동백꽃 동산 수백여 야생화
만발하고 풍겨주는
꽃향기를 토하고 있다

카멜리야란
동백꽃으로
갖가지 빨강, 분홍, 연분홍.
하얀 색색 꽃 잔치
재롱부리는 제멋에 따라 마음에
화려한 삶보다 변해가도
말없이 품어 주는
그날그날 신선한 풍류에 따라
아름답게 가꾸어 살아가고 있다

청포도 익어가는 칠월 한 달
아쉽지만 보내고
이제 코스모스 한들거리는

시

꽃잎들이 바람에 살랑거리는
모습이 이쁘다

맑은 바람 맑은 공기 맑은 하늘
야생화꽃 피는 꽃 길을 걷고자
너 보고 싶어 이천 리 하늘을
날아서 여기 제주도 오리엔탈
호텔에서 아내와 못다 한 이야기
밤새워 말 한마디 속에
꽃을 피우고 있다.

김영석 | (사) 지구촌 학교 초대 교장 엮임 · 시인, 아동문학가, 컬럼리스트, 수필가, 화가, 동화구연가, 서예가
· 수상 : 황조근정훈장, 국무총리 모범공무원 표창, 교육부장관상, 기획 재정 부총리표창 등
· 한국문학 대상, 동작문학 대상, 한국베스트셀러 문학상, 공무원수필우수 문학상, 한국장로문학상 등
· 저서 :「청개구리 선생님」,「퐁당퐁당 꽃동산」(동시집),「아버지 나무」(시집),「사과나무」에세이집 등.

시

라일락 향기는 청파를 넘어오고

김원규

오월의 순풍이
봄 언덕을 넘어오면
뜰안채 정원엔
보랏빛 라일락이 소담스럽다.
스치듯 그 향기는 온몸에 스며든다.

몽실한 꽃마다
서려 있는 젊은 날의 추억
골마다 짙게 밴 그 향기 따라
술잔 높이 들어
다시 젊음을 예찬하고 싶다.

애절했던 첫사랑은
짙은 향기에 담겨
짙푸르러지는 청파 언덕 넘어오고
사랑 하모니는 봄 선율을 따라
가슴 깊이 울려 퍼진다.

시

아카시아 꽃

김원규

산모롱이 돌아 고향 집 가는 길
오롯이 늘 그 자리를 지켜 섰었던
오월의 고향나무가 짙은 향내를 내고 있다.

동구 밖으로 아이들 웃음소리 수그려 갈 때
어머니의 젖 내음처럼 울컥울컥 쏟아내던 향기는
한번 바람에 꽃잎마저 떨어내 버렸다.

과거는 늘 아픈 회상이지만
오늘따라 기억하고픈 그날의 향기
아이들 동요 소리 사라진 동구밖엔
이름 모를 산새 울음소리만 가득하다.
꿀벌마저 사라진 누런 꽃마다
다시는 되새기지 못할
그리움으로 남을 그날의 향기

김원규 | 아호 동촌, 시인 · 수필가
· 서울시교육청 장학사, 교육연구관, 대천임해교육원 원장, 서울시과학전시관 교육연수부장 역임, 서울창림초등학교, 서울동의초등학교 교장 역임 · 구로구 청소년문화집 관장 역임, 실버넷뉴스, 채널A뉴스 기자, 사)한국적성찾기국민실천본부 공동대표, 한국문예작가회 지도위원
· 국무총리표창, 황조근정훈장, 한국문예 수필부문 신인상, 한국문예 수필문학대상

시

요양원 작은 음악회

김정희

기다림 속 목마름
목을 축이고

세월 주름 타고
흐르는 이슬방울
가물가물 스치는 추억

오직 소망하나 붙들고
호흡할 수 있어 감사하는
눈빛에 별이 떨어진다

하루가 저물 때마다
손톱이 닳아가고
기억이 지워져가도
주님 기억만은 놓치지 마세요

오늘 살아 있음에 감사요
천국 소망 있으니
더욱 감사하리오

시

외로운 이방인

김정희

떠나야 하는 세월 앞에
허전한 마음 기웃대는
상처 입은 낙엽

밟혀가는 아픔
바람에 쓸려가는 아쉬움
진실은 어디로 가는가

스산한 거리에
슬픈 바스락 소리
아무도 알아주지 않는
그저 왔다 가는
외로운 이방인

이게 끝이 아니야
내년에 새 순으로
다시 돋아 날
그날을 기대하자

시

아름다운 삶 그 조각들

김정희

새벽 가르는 차가운 공기
스며드는 벅찬 감사

믿음이란 두 글자
놀라운 선물

작은 기도 속삭임
감사의 줄 타고 번져갈 때

말로 다 형용할 수 없는
가슴 깊이 이는 기쁨

세상이 줄 수 없는
고결한 사랑 그 향기

선한 행실 작은 조각들
뒤돌아보아도 너무 소중해

시

그 사랑 그 향기
아름다운 삶의 흔적
후손에게 남겨 주리라

시

선하심 만이

김정희

하나님의 선하심 맛보아
그 은혜로 달려가는 자

세상이 발목 잡아도
진흙탕 속에 밀어 넣어도

골 깊은 마음이 향한 저 높은 곳
독수리 날개 치듯
날아오르리

그곳은 어둠 없는 곳
그곳은 시기 질투 욕심 없는 곳
그곳은 정치 없는 곳

김정희 | 총신 신대원졸업, 수도국제대학원 대학교 신학과졸업(M.Div)
· 참아름다운교회 목사, 계양요양원 예배목사
· 1992년 한국시 신인문학상
· 국신문학회원, 쉴만한 물가작가회원, 한국목양문학회원, 한국문예작가회 운영이사
· 저서 : 첫 시집 『아홉빛깔 무지개』(2024)

시

쌀 봉지

나영봉

출근길에 줄 서는 버스정류장
그 곁에 신호등 기둥 기대선
그녀의 따뜻한 손길 밴 음식
혼자 사는 탓이라 늘 모자라는
시간에 양손으로 가져 나온 것

노란 봉투에 콕콕 입술을 댄다
온 힘으로 거부하고 막아봐도
집요한 본능 앞에 체면 차리자
비둘기 부부 굶주림 면하면 돼
숙명이라 치부하며 살아온 세월

호주머니 돈은 누구라도 귀중하여
가치 알지도 꼬르륵거리는 교실 안
우리는 십시일반 쌀 봉투 모아 모아
이웃의 사회적약자 배려하는 마음
지금도 생생한 이웃의 따뜻한 인정

시

오리백숙

나영봉

병아리가 삐약거리고 꼬끼오 부르는
여주 한국문예연수원 앞뜰에 앉았다
아스팔트 포장도로에서 이글거리는
기온 사십도 넘어가는 칠 월 이십오일

 폭염경보 내려진 무더운 오후 세 시경
호박 덩굴 담장 넘으려다 머뭇거리고
오리고기가 솥 안에서 푹푹 한숨 쉬고
웃통 벗고 일광욕 겸하고 찜질방 체험

도심의 찜질방도 주저하는 열 많은 체질
인삼도 거부하는 사상체질이라는 한의사
체질 개선은 어려울 것이라는 짐작하다가
앞뜰 걸린 솥단지 안고 이글거리는 화덕

초복 지나 중복 사이 열흘을 견디고 나면
말복 견뎌내기 위한 비법 하나는 보양식

시

국악 공연

나영봉

남인사 마당 인근 봄나들이
산수유 활짝 핀 삼월 스물
어허야 얼싸안고 에허어야
어야디야 뱃놀이 타령이고

이제 가면 언제 오나
에허디야 에헤어야
국악 공연예술단의 열두 명 춤사위
산수유 진달래 매화보다 곱기도 하다

색동치마는 저고리 가깝게 어울려서
자연 친화력을 지닌 홍익인간이라 하고
장구와 꽹과리 울림 절로 흔드는 어깨춤
덩실덩실 신명 나는 분위기에 국악한마당

가볍게 사뿐사뿐 얼씨구 절씨구 지화자

시

못난이

나영봉

내가 가장 보고 싶어 했었던 그녀
두 사람 소개해 준 이는 이웃 아재
당시에는 남자 스물 일곱여덟 나이
혼기 놓친 노총각이라고 수군거리고
거기다가 배운 것 없고 돈 없는 집안

나는 선보라고 중매선 보험자이매
격멸하고 싫어서 피하던 시기였다
회사에서 퇴근하고 나오던 저녁때
영등포역 인근 커피점 다후다방은
촛불은 스물거리는 피곤 잠재우려

뒷구석 앉은 여리여리한 그녀에게
가까이 오라며 달래고 안심시키며
느닷없이 무작정 가슴 끌어안고서
달콤한 말에 경계심 잊고 말았지만
치맛자락 숨겨진 기억 가물거린다

시

어머니는 단맛보다 쓴맛조차 견뎌라
제발 지금부터라도 원앙같이 살아봐
바보처럼 형편없고 줏대 없는 아들아
다그치다가 체념하고 실망감 때문에
미련 접고 깊은 산속에서 누워 계신다

나영봉 | 시인 · 문학평론가, 호 가야(嘉野), 방송대학교 국어국문과 졸업
· 「한비문학」 시 부문 신인상, 「한국문예」 문학평론 부문 신인상
· 한국문예작가회 부회장 · 사무총장, 종합문예지 「한국문예」 주간
· 한국문학신문 기자, 한국문예연수원 교수
· 한국문학대상, 한국문예문학대상, 서울시장 표창, 서울시의회의장 표창, 국회의원 통상위원장 표창 외 30여 회 수상

시

바람이 불어 온다

竹泉 모상철

아 선들 거린다
바람이 일렁거리고
향기가 싱그럽게 머무는
지금이면 좋을 것 같다
한참 동안 하늘을 바라보고
기억을 소환한다
지난날이 그립다는 것은
현실이 거시기 하다는 것 아닌가
그 거시기가 풋 웃음을 만든다
가을이 온 듯 하늘에는
뭉게구름이 여유로워라
폭염의 기세도 멈추어 서고
매미 소리는 하늘을 찌르고
돌아가는 날이 다가오는 소리
훗날의 기약을 남기고
바람 따라 뒹구르는 소리
기억 속으로 돌아가고 있었다.

시

가을이 오는 소리

竹泉 모상철

입추
흐린 날씨의 아침 공기
바람이 불어온다
꽃바람도 혹서기의 찜통
바람도 아니었다
폭염이 온 누리를 달구어 놓은
열기 섞인 바람은 더욱더 아니다
입추에 불어오는 반가움의
가을 소식 그 바람이다
가슴을 열어 받아들이고
긴 호흡에 나뭇이 흔들린다
어느덧 가을의 옷을 입은 나무 잎새
한잎 두잎 홀연히 날리는 날
발걸음이 들썩이는 하루
잰 걸음 수를 헤아리고 뒹구는
하루가 석양빛에 세월을
돌리고 있었다.

시

우리는 너와 나

竹泉 모상철

굳건히 지켜온 계례의 혼
숭고한 희생이 빚어낸 영토여
바람 따라 들썩이는 한반도

동병상련의 저미는 아픔
스치듯 남긴 생채기를 어루만지면
가슴속 울림이 여울진다

어수선한 날도 해는 뜨고
구름은 바람 따라오고 가건만
세월의 벽은 높아만 간다.

시

바람의 꽃

竹泉 모상철

청춘의 혈기 불사르고
임 향한 절규의 움켜쥔 손
홀연히 던진 꽃망울

빨갛게 달구어진 눈동자는
머나먼 타국에서 구천을 헤맨다
영웅들의 숨소리는

임의 향수를 흠모하다
한 줌의 흙이 된 넋을
아침 햇살로 다가와
임의 가슴에 안긴다.

모상철 | 아호 : 竹泉_卿山
· 한국문예작가회 부회장, 문예춘추문인협회 수석부회장, 인사동시인협회 부회장, 시와창작 부회장, 함께 가는 길 상임대표, 백제문학 경기북부지회 고문, 한길문화마을운동본부 선임본부장, 신문예문학회 자문위원
· 한국문예 시문학대상 수상

시

갈대숲

嘉石 박찬구

긴 밤을 애태우다
긴 낮을 기다리다
그래도 못 잊어
갈대숲에 왔나

어둡기만 한 마음
밝은 샘터에서 솟아나는
바람에 메마른
내 마음 적셔본다

돌아서 오는 길목
하늘은 여전히 푸르기만 한데
포근한 숲으로 달려가
만나고 있었나 보다

둥지를 품은 새들의 보금자리
혼자 서지도 못하는 새

시

바람과 더불어 정을 나누는
너그러운 갈대숲

갈대숲 바람 속
갈대끼리 서로를 끌어안고
내 곁에 다가와
포근하게 안아주고 있었다.

시

야생화

嘉石 박찬구

산길을 걷다가 본
가는 줄기 끝에 달린 꽃들이 피었다

꽃에 취해 카메라에 꽃을 맞추는데
벌 한 마리 날아들어
주둥이처럼 벌어진 꽃에 앉자 줄기가 땅에 닿을 듯 휘청
줄기를 지렛대 삼아 꽃 안으로 들어가 꿀을 따고
꽃줄기의 탄력을 이용해 기계체조 선수처럼 날아올라
옆 꽃으로 이동하니 가관이라

벌의 무게와 영혼의 무게는 같은 건지
바람 앞에서 만날 때마다
내 영혼의 무게를 생각나게 할 현호색이다

산중 바위틈에 봐주는 이도 없이 피었다가 지는 꽃
그중 꽃 한 송이 가만히 들여 보면
물고기 같고 새가 입 벌리고 먹이를 달라는 듯한

시

꽃 색과 잎의 모양 따라 종류가 많아서
가지각색 표정을 가진 꽃들로 다가옵니다.

시

고향, 여름꽃 물든 술패랭이

嘉石 박찬구

세찬 바람이 숲
길가에 여름꽃들
고개를 꺾은 채 짙은
향기를 내뿜고 있다

꽃보다 향기가 더 짙은 고향 꽃
산 중턱에 우뚝 솟은 바위 아래
술패랭이꽃 무리가 예쁜 자태로 유혹
너랑 나랑 참 많이 놀던 곳

나 시인이라면
꽃은 피어도 소리 없고
새는 울어도 눈물 없다고
그대에게 한 편의 시를 드리겠지만

하늘에는 별이 소중하고
땅에서는 꽃이 소중하듯

시

너랑 나랑 소중한 만남
우연 아닌 필연이기를 빌어 본다

꽃보다 향기가 더 짙은 여름꽃
꽃핀 사랑은 꽃이 시들면 지고
땅에 새긴 사랑은 바람이 불면 날아가지만
물에 잠겨있는 고향 땅은 영원할 것이다.

박찬구 | 충남 공주 반포 출생
· 2006년 자유문예 은문 수상작 인연의 끈/내 작은집으로 등단
· 문예춘추 수필 고향 산하를 향한 그리움 외 1편으로 등단
· 한국문인협회회원, 한국문예춘추문인협회원, 한국문예작가회 부회장, 세종문인협회회원, 세종시 시낭송예술인협회원
· 한국문예 시문학대상

시

고희의 아침

有攝 백문기

아침 햇살 오십 번을 맞고
예순 번을 보내며
오늘 일흔 번째 해가
조용히 내 창을 두드립니다

지나온 날들은
강물처럼 유장하게 흐르고
세월의 언덕마다
걸음마다 꽃향기 스며
그대의 삶은 시가 되고
따스한 등불이 되어
주셨습니다

이제는 바람도 벗이 되어
말없이 등을 토닥이고
시간은 스승 되어
미소로 내 마음을

시

어루만집니다

일흔 해를 건너온 이 아침
당신은 여전히
세상을 밝히는
봄꽃 같은 존재입니다
세월은 흘러도
변함없는 당신의 미소와 함께
오늘도 우리는
새로운 날을 맞이합니다

고희의 아침 당신은
인생의 깊은 향기를 전하는
아름다운 봄꽃입니다

시

단비

有攝 백문기

타들어 간 땅끝에서
숨죽인 생명들이 울음을 삼킬 때
하늘 끝 찢고 떨어진 한 방울
그대는 약속처럼 내려오네

메마른 마음마저 적시며
잊힌 희망 다시 틔우는 그대여
가뭄의 끝을 알리는
첫눈 같은 단비여라

바람조차 숨죽인 들판
갈라진 흙이 하늘을 올려다볼 때
말없이 스며든 그대
머나먼 길 걸어온 빙하기 녹은 빗물 한줄기

기다림마저 지친 오후
대지의 갈증을 삼키는 충족의 입맞춤

시

꽃도 나무도 다시 꿈꾸네
젖어든 이 땅
화석 심장이 박동을 되찾는다

그대여
메마른 나날 끝에 피어나는
작지만 거대한 기적이여

시

가을이 걸어오는 아침

有攝 백문기

풀벌레의 첫 목소리가
창문을 두드리며
깨우는 아침
한여름의 끝자락이
가만히 걸어 들어옵니다

하늘빛은 한 톤 낮아지고
바람은 맨살을 어루만지며
서둘지 말라는 듯
가을의 문턱을 비춥니다

텃밭의 들깻잎 위로
밤새 머문 맺힌 이슬
해를 마주하며
조용히 가을을 노래합니다

잠시 멈추어

시

이 계절의 숨결을 들이쉬니
무르익은 햇살보다
더 깊은 온기가 마음에 번집니다

가을의 속삭임이
바람에 실려 전해지는 순간
세상은 조금씩 변화하며
새로운 계절을 맞이합니다

시

빛의 속도로

有攝 백문기

빛의 속도로
지나가는 시간 들
쥐고 있던 하루가
손가락 사이로 흘러내린다

내게 주어진 시간은
과연 얼마나 남았을까
해시계 바늘에 걸린
내 그림자처럼

어떻게 살아가는 것이
후회 없는 삶일까
누군가는 말하고
나는 묻는다

정답은 어디에 있냐고
시간이 갈수록

시

초조해지는 건 왜일까
놓치고 있는 것들이
늘어만 가기 때문일까

그래도 나는
오늘을 산다
무너진 모래시계처럼
발꿈치를 든다

백문기 l 경남 고성문화원장
· 한국문예 자문위원
· 대한민국 행촌서예대전 운영위원장
· 고성군청 공무원 40년

시

백두산

嘉恩 서비아

천지의 미소
구름이 걷힌고
기이하다 묘하다
장엄하다
헤아릴 수 없는
하나님의 솜씨

꿈틀꿈틀 새명체
신기한 곳

백두산 너머 배달의 한
온천수 흘러내려
가슴속 품고 왔네

서파 북파는 남의나라
동파 내고향 땅 눈앞에서
어른거리며 손짓 하는데
깊어가는 고향 북녘하늘
언제 가 보나.

시

절개(節介)

가은 서비아

속은 꽉 차지 못했지만
타협하기 싫고
남이야
어찌 되듯 말든
이득을 위한 붉은 눈

얼굴 붉히며
진흙덩이 세속 삶
타협하기도 싫고

남의 공간
침입 하기도 싫고

또한 남이 나 갈 수 있는
공간 마련 해주고싶어서
옆으로 펴져 나가지도 않고

시

그러다 보니 꿋꿋하게
의연하게 위로만
쑥쑥 키만 자랐습니다

이 모습 이대로
주관 있게 절개지 키며
竹으로 살아가렵니다.

〈민조시〉

두만강

嘉恩 서비아

그 옛날
내 고향땅
푸르른 물도
현재 남의 나라

철책선
연변 연길
조국 숨소리
선구자에 정취

뿌렸네
숨죽이던
독립투사들
어디로 갔을까.

시

처서(處暑)

가은 서비아

그리도
싱그러웠고
생기 넘치던
푸른 시절 마시고
내뱉은 삶 쌓여가며
가을 문전에서

모든 허물을 싸안고
용서하며
결실의 열매로
나타내는 것이다.

서비아 l 아호 가은 서비아
· 목사, 시인, 수필가, 아동문학가
· 쉴만한물가발행인 겸 회장, 한국문인협회 문학조성위원, 한국아동문학 사무차장 겸 이사, 한국아동청소년문학 상임위원, 태극 나라사랑 자문위원, 한국문예작가회 운영이사
· 자랑스런 한국문학상, 세계문학 시부분대상, 한글문학축제 최우수상, 대한민국예술명인문학부 분대상, 잠신문학 본상, 호명예술문학상, 한국문예 동시문학대상 등 외 다수
저서 :「시도 사람을 그리워한다」「꿈을 키우는 무지개 」외 3집

시

하루

서재용

석양빛 노을이
곱게 물드는 시간
상념(想念)에 잠긴다

아침의 기쁨
행복 디딤돌
삶의 오아시스

오늘 애써온 나날들이
미래의 담보(擔保)라고
결코 말하지 말라

내일은 점점 더 가까워지는
마지막 무대 커튼이
내려지는 날

하루의 애틋한 꿈들은

시

살아있는 별이 되어
그대 삶 속에 영원히 반짝일 테니…

시

울 아버지

서재용

흰 눈 내린 산하(山河) 거닐 때
아부지 백발에도
새하얀 눈꽃 점점 쌓여가고

알 수 없는 수심(愁心) 가득 울아부지
세끼 밥도 못 먹던 한 맺힌
그 시절 보릿고개

이름 모를 풀벌레 새들이랑
함께 먹고살자며
여기저기 고시래 고시래
장끼도 까치도 먹고살아야지

산 너머 저 하늘 끝
아부지 자상한 얼굴
구름결에 두리둥실
청아한 산까치 울음소리

시

아부지 음성 이련가?

바람결 느슨하여
시냇가에 앉아보니
아부지 노랫가락
더더욱 애절하고 가슴 저미네.

*고시래 : "고수레"의 경남 방언

시

겨울 산

서재용

북풍한설(北風寒雪) 힘겨워도
말없이 그 자리 겨울 산아
흰 눈 자락 이불 삼아 덮고 잔들
무엇이 부럽겠나?

귓불 스치는 시린 마음
긴 산 그늘 지고
길 잃고 헤매 인들
또 어찌겠느냐?

산 까치, 장끼들은
어디로 숨었느냐?
초가삼간 문풍지 긁어 대던
다람쥐 온데간데없고
나그네 설움 곰삭히는
긴~긴 겨울밤

시

가도 가도 끝없는 겨울 산
깔딱 고개 넘어서니
터질 듯 숨차 올라 휴
어느새 산을 닮아가니 어쩌겠느냐?

빈 하늘 겨울 감나무
까치밥 홍시 하나
적막한 겨울 산
내 마음 풍금 소리 아련히 울려 퍼지네

시

슬픈 시인의 노래

서재용

자연의 순리 하늘 뜻인가?
울긋불긋 봄꽃들
흐드러지게 피었다 지고
인생도 들풀처럼 짓밟힌다
지는 꽃처럼 허무하다

화려한 봄날은 허무하게
어느새 여름에게
자리를 내어 주고
이별을 고한다

아코디언 선율처럼
꼬리 감춘 채 긴 여운 남기고
아스라이 멀어져 가신 아버지

아, 이제 눈물도 말라버린
애달픈 시인이여!

시

그대 슬픈 노래 들어 줄 이
그 누구랴?

*애끓는 사부곡 30주기 추모일에 아부지 영전에 바치노라.
나의 아버지 "Rest in peace"

서재용 l 시인. 진주 출생. 아호는 만후(滿厚)
· 성균관대학교 경제학과 졸업, 동 경영대학원 석사
· 2020년 문학사랑, 오늘의 문학사 115회 시 부문 신인상
· 첫 시집 「별 하나의 독백」 출간 예정
· 외국계 회사 근무하며 시 낭송, 문학 활동 참여
· 한국문인협회원, 국제펜한국본부 회원, 한국문예작가회 협력국장, 문학사랑신문 자문위원

시

세상 삶

서주문

세상 살기가 좋은척하고
그냥 살아가는 것입니다
그러나 세상 살기가
좋은 것만 있겠습니까

세상 살면서 건강하게
살아간다고 생각합니다
그러나 세상 살면서
아프지 않은 사람 있습니까

세상 살면서 편하게
살아간다고 생각합니다
그러나 살다 보면
힘든 일이 많았습니다

세상 살면서 행복하게
산다고 생각합니다
그러나 살다 보면
불행한 일이 많이 있습니다

시

우산 쓴 여인

서주문

보고 싶은 우산 쓴 여인
그 여인이 보고 싶네

잊지 못할 우산 쓴 여인
보고 싶은 마음
오늘도 비가 오면 볼 수 있을까

까만 우산에 검은 옷 입은 여인
그의 눈이 유난히 빛났지
빨간 핸드백 안고서
총총히 걸어가는 우산 쓴 여인
오늘도 비가 오면 볼 수 있겠지

시

아침이슬

서주문

이른 아침 풀밭에 눈이 가면
하늘이 밝아오고 땅은 어두운데
맑은 은방울이 풀잎에 열리네
나의 인기척이 풀잎에 전달되면
살며시 은방울을 굴려버리네
동쪽 하늘 햇빛이 가만히 쳐다보고
풀잎은 모르는 척 해님 바라보네

시

나의 삶

서주문

이렇게 살든 저렇게 살던
한세상 살아가는 것이라네
이 세상 살면서 걱정은 버리고
웃으며 기쁘게 살아가세

욕심부려 살던 남도우며 살던
서로 돕고 도우며 살아가면
행복한 세상이 돌아오고
즐거운 세상 속에 살아간다네

서주문 | 한글문학 자문위원, 한국문예작가회 자문위원, 시꽃예술회 고문, 시가흐르는서울 고문, 송파문협 시분과 위원장, 키르키즈스탄 문화사절(2025년)
· 문학대상 수상(2023년), 한국문예시문학대상 수상(2024년)

시

그랬듯이

선형기

어린아이 탓하지 마라
너는 어려서 그보다 더했을

꾸물댄다고 흉보지 말라
당신도 머지않아 늙은이 된다

나랏일 보는 이들 야단치지 말자
제딴에는 잘한다고 하는 짓

정치꾼들 이제 그만 욕하자
언제 그들 믿고 살았는가

이 여름 덥다 덥다해도
말복 처서 지나면 추분은 온다

내일을 젊잖게 기다리자
지금까지 그랬듯이

시

제헌절

선형기

베풀지 못해도 해코지 안 했다
싸움을 몰랐고 다투지 않고
약탈당하고 살았다

곰방대 물고 풍류를 즐기던 어른
머릿속 먹물든 신식인사들 모두
해방 맞이하고 어쩔 줄 모르는 판에
미국과 소련은 서로가 제 몫 챙기고
세상은 좌우익으로 나라는 풍비박산

살아보자고 남한만 나라 만들고
동네 친목계 모임 한 번 안 해본 사람들이
말이 법이던 그 시절 지킬 약속 이루니
세상은 오래 살고 볼 일 장하고 신통했다

임금 섬기던 제국주의 백성들이
하루아침에 나라의 주인이라니

너도나도 얼굴 보며 이게 무슨 조화인가

한 번도 해보지 않은 것 밤낮을 새워가며
젖 먹던 힘없는 지식 없는 머리 짜내
자유와 민주주의 선거를 어찌 알고
삼천만이 지킬 언약 자랑스러웠다

어쩌다 법은 칼이 되고 정의의 눈 흐렸는가
권력의 발밑에서 법은 하나인데 해석은 백 가지
지키지도 않는 헌법 육법전서 첫 페이지에만
심심하면 바꾸고 바꿔 걸레 헌법 만들어 놓고
만든 자들이 지키지 않으니
헌법이라 써 놓고 검은 손 흰 손 가리며
오늘도 의사당 앞에서 지들끼리 잔치한다

시

칼의 노래

선형기

서애가 만든 칼로
나라를 지킨 여행
칼을 쓰지도 못하게 한 이연
피난길에 올라 백성 죽이고
계천은 장식용 칼 휘두르다
제풀에 넘어지고
와키는 제 칼에 죽어
후지산이 무너졌다

서애(西涯) : 유성룡
여해(汝諧) : 이순신
이연(李昖) : 宣祖
계천(溪川) : 원균
와키사카(脇坂安治) : 일본장수

시

참자

선형기

해마다 맞이하는 계절
열 살짜리는 열 번
쉰 살은 쉰 번 겪는 일인데
더우면 덥다고 물속에 첨벙
추우면 대낮에도 이불 뒤집어쓰고
뻑하면 역대급 폭염
걸핏하녀 수십 년 만의 혹한
군침 삼키는 계절 장사
당하는 사람 서글프다
안달한다고 태양이 멀어지고
원한다고 가까워지는가?
폭염 열대야 북풍한설도
사계절은 변함없고
알래스카 아프리카에도 사람은 산다
찌는 무더위 엄동설한에
육체노동 하는 사람들 생각하며
더우면 더운 대로 추우면 추운 대로

시

계절에 맞춰 점잖게 살 수 없을까
웃통 벗고 활보하는 남자
속 보이는 너울 입고 가는 여자
민망한 모습 피하려다
돌부리 밟는다

선형기 | 전남 광양 출신
· 고려대(학사,석사), 미국Ohio주립대(석사)
· 문교부, 주미장학관, 서울시내중 · 고교장(10년), 대학부총장(6년).
· 예비역해병대위(월남참전, 국가유공자, 국민훈장석류장, 홍조근정훈장)
· 한국문예작가회 지도위원, 한국문인협회 회원

시

입추

신소미

팔 부 능선 뒤안길
편지를 쓴다
이파리 마디마디 고개 흔들고
동백기름 자르르

계절을 밀어내는 부채 바람
머리카락 셈하는 그늘
한 계절 배웅하는 손 편지

참매미 맴맴맴
초추의 맨드라미 위에 얹히고
고추잠자리 날개에
가볍게 떠오른 그대 얼굴

가벼운 부챗살에 올올이
창밖 풍경 서성거리는데
울음 메아리 하늘은 들어줄까

시

세월 꽃

신소미

꽃잎 날려 저물어 가는 봄
고개 든 새싹이
맑은 웃음 건넵니다

휘파람 몰고 가랑가랑 오는 비
떨어진 꽃잎 따라
순례의 길을 걷습니다

연둣빛 가슴 활짝 열고
푸른 집 짓는 가지마다
주렁주렁 초롱꽃이 돋습니다

정오의 사랑은 타오르고
창조의 언어는
청금(靑金)으로 빛납니다

억겁의 세월을 이어가는

시

유구한 그 이름
세월 꽃

그대 있으매
사모하는 바다가 되어
계절의 윤회를 따릅니다

시

7월의 무궁화

신소미

내 땅 위에 내가 피는
까닭은 나라가 있기에 유구한 역사
민족의 혼이 있기에
온갖 진딧물 진액을
빨아도 지켜야 할
소명이 있기에
척 박한 땅 기름진 땅
부르는 곳 산천에 수놓아 끈질긴
그 이름 그이름 나는
무궁화 긴 빛의사랑 백의 민족의 단심
백만 년 이어가리 나의 땅
이곳에 어깨 비비며 피어나리

시

거짓 없는 땅

신소미

황무지 일구며 옹이 박힌 손마디
비단필로 감싸주려
구불 굴불 찾아간 양주땅
열대야로 잠 못 자던
삼복 더위 8월 사일 새아침 밝아 오고
참매미 맴맴맴
고추잠자리 빙빙 하트를 그린다
길 나선 오늘은 금이라 했지만
뇌 회전을 멈추고
단순한 일상 오가는 민초들
하루의 동행 복더위 짠물 짜내는
시키지 않는 고행
주절주절 붉은 고추 밭고랑 달궈
농부의 손길 기다리네!
가을을 담아 이고 진 인생 이만하면 행복
땀 흘려 답을 구한 오늘
나라와 가족이 있고

시

나를 사랑하는 오늘이 축복이고 은혜다
사랑과 웃음을 가득 채워준 거짓 없는 땅
행복은 스스로 만들어 간다.

신소미 | 본명 신용은(愼鏞殷)
· 한국문인 시(2015), 수필(2016) 등단, 동화작가
· 김소월문학회 부회장, 한사랑예술 부회장, 경복신문문협 부회장, 대산문학 이사, 한국문예작가회 부회장
· 영등포문학백일장 산문대상, 전국김소월백일장 시 장원

시

천의 산

신윤호

만고 청산 푸른 산천
비단 색채 수놓아

황금으로 얼룩진
계곡마다 장관 이룬

천의 산천 금빛 물결
춤추는 산봉우리

하늘 천사 날아와
굽이마다 넘나드는

천사들의 놀이마당
낙원 이룬 천의 산

시

사랑의 계절

신윤호

가을은 남자의 계절입니다
이제 사랑을 속삭일 때입니다
한여름 생에 시달려 묶어놓은
제철 맞은 사랑의 계절입니다

사랑은 알면서도 행하지 못하고
이 계절에 사랑을 시작하십시오
사랑은 숫자와는 상관없습니다
젊음만 사랑하는 것은 아닙니다

장작불 사랑보다 품위 있고
농도 짙은 그런 사랑을
주저할 것 없는 계절이니
서슴지 마시고 시작하십시오

이제까지 없었던 고귀한
노련한 사랑을 나누어 보시는 게

시

깊은 사랑을 나누시면 어떠신가요
사랑은 아무 생각 마시고

오로지 아주 보물 같은
섣부른 사랑 나눔보다
최고의 상상할 수 없는 그런
느껴보지 못한 이 계절에.

시

인생

신윤호

무심한 세월의 파도 때문에
세상에 밀려 힘든 세월 보내며
기둥이라는 짐 때문에
열심히 몸 바쳤다

세월에 인생도 저버리고
생을 뒤로한 채 삶에 얽매여
앞만 보고 달려오다
뒤돌아보니 지금에 이루어

내 인생 찾아보니
저 멀리 있는데
너무 아쉬워
이제 다시 찾으련다
하고 싶은 생활 다시 하고

이제라도 내생 다시 찾아

시

자신을 위해 살고 싶다
살아보니 별거 없더라
미련 없이 다시 찾자.

시

만나면 좋은 사람

신윤호

생각만 해도 마음이 풍요로운 사람
그런 사람 있으면 한다
언제 만나도 즐겁고 반가운
그런 사람이 좋다

반겨주는 아름다운 마음
사람을 만났으면 한다
내가 외로울 때 보듬어 주며
연인처럼 친구처럼 함께 나누며

쌓아가는 사이로 이어지는
만나면 반갑고 즐거운 사람.

신윤호 | 연세대학교 창작과 수료, 나사렛대학교 문예창작과 수료
· 한국문예사조 시 등단
· 한국문인협회 정보화위원, 한국민족문학가협회 부총재, 한국문예작가회 자문위원
· 나사렛 대학교 총장 표창, 연세 대학교 원장 표창, 한비문학 시부문 본상, 한국민족문학가협회 표창 외, 서울시 응모전 당선시(민들레)
· 한국(詩)시 대사전 등재, 한국문학인 대사전 등재, 한국문화영화연예 대상, 시서화예술인 대상, 한국문예예술 대상
· 저서 : 1집 「사랑 뒤에 오는 사랑」 2집 「하늘꽃 구름위에 누워」

폐지 줍는 어르신

안중태

소나기 쏟아지는 새벽
첫 하늘이 열리기도 전에
폐지 하나라도 더 챙기기 위해
어르신의 눈물겨운 하루가 시작된다

한 끼를 걱정하는 어르신
서두르지 않으면
그날은 공치는 날이 된다

폐지를 얹은 손수레는
살얼음 위를 걷듯
하루가 눈물겹다

자식들에게 내미는 손이 부담될까
폐지 주어 삶을 지탱하시는 어르신들
가슴엔 서러운 소나기가 내린다

시

오이도 바닷가에서

안중태

오이도 빨간 등대 전망대에서
가슴 확 트이는 바닷가를 바라보면서
파도 소리에 마음을 연다

꿈의 날갯짓하는 갈매기 소리에
갯벌에서 조개 줍는 아이들 소리에
때 묻은 삶의 앙금 씻는다

갯벌에서 묻어나는
어머니의 젖 냄새
콧속을 자극한다

노을을 바라보며
10년 후의 자화상을 그려보면서
꿈과 사랑을 노래하고 희망을 쏜다

시

눈물 젖은 도시락

안중태

아내의 채취가 묻은 새벽 도시락
그냥 생각 없이 받아먹기만 한 세월이
얼마이런가

철없던 학창 시절의 도시락은
추억으로만 다가오는데

아내의 도시락에서는
왜 이토록 애틋함이 묻어날까

지아비를 위해 새벽 도시락 싸기를
18년간이나 해온 아내
그냥 생각 없이 살아왔네

돌아보면
아내가 걸어온 삶이
땀방울이고 눈물인 것을

시

세월이 늙어가는게 아니라
익어가는 거라 하지 않는가
나를 내려놓고 익어가는 삶이고 싶다

시

수박

안중태

파란둥이인 나는
만삭의 몸으로
냉방에서 몸을 푼다

나의 속살이 붉게 숙성될 때

그의 붉은 혀와
나의 속살이 만나
무더위를 삼킨다

안중태 | 시인 · 수필가 · 낭송가, 아호 후암, 경북 성주 출생
· 한국문인협회원, 한국문예작가회 운영이사, 씨꽃예술협회 수석부회장, 한국방송신문기자협회 기자단 객원기자
· 2021 황금찬 문학상, 서울시 지하철 공모작 선정 3회
· 제3시집 요즘 우리 부부 외 다수

시

산도라지

오동춘

구토 이는 올창 함께
하늘 보긴 억울하여
달려온 메 바위에
꿈도 푸른 저 아씨
의젓이 뜻 세운 몸매
못 꺾는다 모진 손…

먼지 펄펄 아픈 누리
촉각 잃은 이마 싫어
억만년 제흙 지킨
청솔 이웃 벗을 삼고
백학도 수놓는 꿈에
기도 쏟네 꽃여인…

수숫잎 춤추는 들
날 저문 노을 싫어
이슬 먹는 산을 사네

시

산도라지 산 색시
임그린 생각은 깊어
날로 타는 저 하늘...

시

한글학회 창립 117주년 찬가

오동춘

세종대왕 한글정신 받자옵고 세운 국어연구학회
국어 햇불 주시경 선생 제자들 함께 신촌 봉원사에 세웠다
이 단체 1908년 8월 31일 창립된 한글학회 어머니다

1910년 8월 29일 경술국치로 나라 잃고 우리 말글얼
조선어학회 오늘날 한글학회 목숨 바쳐 지켰다
든든한 우리 한글학회 117주년 생일에 하늘 축복 넘친다

한글맞춤법 표준말 사정, 외래어 적기법 다 갖추고
일제 탄압 속에 조선어사전도 편찬 계획 세워
겨레혼 굳세게 지킨 한글학회 정신 길이 빛나리

광복 맞은 우리 국어교육 함흥감옥 옥고 치룬
최현배 선생 가로쓰기 한글전용 국어교과서로
오늘날 한글세대 가르쳐 한글나라 튼튼하다

시

매미 가수의 말

오동춘

내가 날아온 서울 맴맴
노래 선물 주는 까닭
이웃도 없는 높은 집에
으리으리 사는 사람들아!
거짓옷 훨훨 다 벗고
시원하게 살라 맴맴이다

성경 10계명 멀리 내팽개치고
벼슬 돈 쌈질 쉴날 없는 너희들
검은 가슴 밝게 하려고
맴맴 곱게 노래 들려준다
내 노래 양약이 되어
서로 손잡고 살길 빈다

이 거친 누리 잘난 똑똑이 누군가
설쳐봐야 다 한때인걸
다 지나가는거야, 그래서

시

맴맴 내가 일깨워 주노니
사람들 양심 지켜 살거라
서울 곳곳 맴맴 일깨준다

시

난 짚신의 아들

오동춘

난 게다짝 개들
붉은 이리 피로
햇빛 본 사람
그런 검정 핏줄 아니야
고향 흙
목숨 삼은 농부
바로 그분 아들이야

지게에 땀 가득 지고
달빛 밝은 그 시간도
논밭에 괭이 쥐고
가을 곳간 꿈에 둔 사람
순박한
그 핏줄에서
나는 태어난 거야

호롱불 침침해도

시

바느질 눈부시고

헐벗고 추위 와도

자식 두둑 옷 입힌

어머니

오직 희생뿐인

그분 바로 아들일세

오동춘 | 일본 다까야마 출생(1937–) 경남 함양 자람 문학박사 연세대 한양대 사회교육원 교수 역임. 미국 세인트미션대학교 한글학부 명예교수, 한글학회 명예이사, 짚신문학회 명예회장, 한국문인협회, 국제펜한국본부고문. 한국장로문인협회, 한국문예작가회, 한국통일문임협회, 가교문학회 상임고문. 제2회 흙의문학상(1978), 제15회 노산문학상(1990), 제27회 외솔상(2005) 등 다수 저서:시조집 짚신사랑(1972) 외 20권. 수필집: 한알의 밀알이 되어(1979) 등 6권 있음

시

아버지께 드리는 봉헌문

난초 유영란

백두산을 품고 사신 삶
교육자로 학문의 외길
평생을 걸으신 아버지

깊은 화산의 심장을 들여다보며
지층의 숨결에 귀 기울이시던
그 눈빛은 언제나 빛났습니다

험한 산길에도, 모래바람 속에도
제자들과 함께하신 실습 길
칠판 위에도, 바위틈에도
당신의 가르침은 살아 있었습니다

"다시 태어나도
나는 교수가 되겠다."
그 말씀은 단순한 꿈이 아니라
살아낸 진실이었습니다.

시

논문은 당신의 바위였고
칠판은 분화구의 단면도였으며
강의는 언제나 열정적이었습니다

그 마지막 날,
마지막 논문의 책장을 넘기시며 조용히
학자의 길을 마치셨지요
그날
백두의 하늘에 하얀 눈이 내렸습니다
조용히, 고요히
당신의 마침표를 감싸 안으며

그리움은 눈발 속에서도
아버지의 뒷모습을 따라 걷습니다
아직도, 여전히
당신은 그 산 위에 서 계신 듯합니다

이제 아버지는
우리 마음속 높은 산이 되어
따뜻한 이름으로
그리움 위에 우뚝 서 계십니다.

시

감사합니다, 아버지!

존경합니다

그리고

그립습니다

※해설 : 평생 지리학자로, 교육자로 살아온 아버지를 백두산으로 비유하며, 그리움과 존경의 마음을 담아 드리는 봉헌문 시입니다.

시

가을비에 그리움 담다

난초 유영란

가을비가 추적추적 내린다
빗물 속에 스며든 그리움이
젖은 낙엽 위로 번져가고

이별 한 잎이 가슴에 내려
슬픔은 고요히 번져
심장을 시리게 적신다

가지 끝에 매달린 잎사귀는
지워지지 않는 추억 같아
바람을 따라 떠날 준비를 한다

차라리 외로움 한 줌
가슴 깊이 묻어두고
그대를 보내야 할까

매미 울음은 끝내 계절을 붙잡고

시

단풍은 고개를 돌린 채
낯선 길을 향해 물든다

가을비는 오늘도 나를
그대에게 데려갔다가
다시 멀리 흩어놓는다

시

8월의 편지

- 부모님께 드리는 헌사 -

난초 유영란

어머니 · 아버지
저를 낳아주시고 길러주셔서 감사합니다

한여름의 뜨거운 날
당신의 품은 더 따뜻했습니다
난초처럼 곱게 자라라 하며
이름을 불러주셨지요

그 사랑을 늦게 깨닫고
예순이 넘어 돌아봅니다
아흔의 어머니가
여전히 제 손을 잡아주시는 지금
오늘의 생일은 제 것이 아닙니다

그날은 당신이 저를 위해

시

다시 태어난 날이었습니다
고통 속의 기쁨, 희생 속의 사랑
이제 제가 안고 살아가겠습니다

당신의 헌신으로 피어난
난초 한 송이 당신의 사랑입니다.

시

광복 80년 그 빛의 이름으로

난초 유영란

한 줄기 빛이
어둠의 두만강을 건너온 지
여든 해

북간도의 눈부신 하늘 아래
독립운동에 몸 바치신
할아버지 할머니의 숨결이 느껴집니다
용정의 작은 거리마다 울려 퍼진
만세의 함성
그 기쁨이 먼 기억 속에서도
우리 가슴 속에서 여전히 숨 쉽니다
찢기고 묶였던 국토
흩어지고 흩어진 사람들
그 고통의 골짜기를 지나
아버지, 어머니가 전해주신 이야기 속에
민족의 기개와 희망이 살아 있습니다

시

광복은
끝난 역사가 아니라
지켜야 할 오늘이며
더 넓혀야 할 내일입니다

홍익인간의 뜻으로
서로의 눈을 바라보며
손을 마주 잡을 때
그 빛은 더 환히 타오를 것입니다
오늘
실향민 3세의 후손들은
남북의 하늘을 함께 바라며
조국의 통일과 평화를 꿈꿉니다

80년 전
빛으로 돌아온 조국이여
그 이름 안에
우리의 숨
우리의 꿈
우리의 사랑
우리의 기쁨과 간절함을 심습니다

빛은 여기서 멈추지 않고

시

오늘과 내일
하나 되는 하늘 아래
더 환하게
더 뜨겁게 타오를 것입니다.

유영란 | 시인, 번역가, 시낭송가
· 한국문인협회 시분과 정회원, 한국공무원문인협회원, 한국문예작가회 부회장(편집장), 코리안 드림 문학회 부회장(편집주간), 재한중국동포문인협회 고문
· 한국예총문학상, 윤동주별문학상, 한국문예시문학대상 등

시

고향 집

유지업

고향 집 삽작 밀고 들어 서면
초가 마루 넓은 마당 뒤 곁에
옹기 종기 장독대
간장 된장 고추장 향
무 짱아치 밑 반찬
부엌 앞에 돌도 고통 있 었 지!

어머니 부엌 물 동이
고봉 밥 퍼 상에 올리시고
요것 저것 맞 반찬 향기 대접에
국 퍼 드리시던 어머니 정성 모은
아침 공양
우리 아버님 맛있게 드셨지…!

나무아미타불
관세음보살 3회

시

애기 꽃

유지업

동면 지낸 나무 애기 꽃
피워 만생 깨우는
봄 날의 향연
입 피기전 꽃 피우는
다양한 애기 꽃 나무들

한 마음 함께 하는 여로
햇살 마음 내 마음이 동행하는
의미인가 봐 다양한 나무 기지게 펴고
아침 해 떠 오르듯이 애기 꽃 피우는
햇 볕 나무들…,

나무아미타불
관세음보살 3회

시

산수유나무꽃 필 때

유지업

산수유나무 꽃 피는
봄 날 둥글게 꽃 멍우리 궁 굴려
한송이 노랑 꽃 향기 피우는 아기 꽃 들
바람 따라 갈까 말까 망설여 황금 빛
한송이로 밝혀주는 애기 꽃 모임

꽃 말 영원한 사랑과 우정 산수유 나무
노랑 꽃 피워
벌 나비 날아 와
꿀 빨때 산천에 흐르는 물 소리
버들 가지 꽃 피우고 개구리 걸어 오는
소리도 들 리 네…

나무아미타불
관세음보살 3회

시

배롱나무꽃 피면

유지업

배롱 나무가 예쁘게 꽃 피웠다
백일을 피고 진다고 지어준 이름 백일홍
백일홍의 우아한 자태를 보며 사람들은
아침 운동하며 해를 띄우네 분홍 연분홍
자주색 하얀 꽃 만개하면 고추잠자리

꽃 주위 비행 하고 님 부르는 매미 소리에
참새 까치도 날아 들고
떨어진 꽃 잎 삭히는 지렁이 흙 향기 내니
작은 생명들 숨 소리에 모기 청파리 날아 들면
무당거미 배롱나무에 줄 치고 은 신

개미는 허리 띠 졸라 매고
백일홍 꽃잎 풀 섶을
오고 가며 쉬지도 않는데
청춘 남 여 백일홍 앞에서
사진 찍고 웃고 갈시

시

배롱 나무 꽃 피워
삶 의 향기 나누네...

나무 아미타불
관세음보살 3회

유지업 | 한국 다온문예 시부문 신인상 수상
· 동산불교대학 졸업, 한국방송통신대학교 졸업
· 사회복지사 자격증
· 한국문예작가회 자문위원

시

〈한국문예작가회 제15회 시화전 축시〉

그 이름 불멸입니다

이연찬

신록의 계절
9월의 힘찬 행진
서울의 중심 광화문을 축으로
오가는 이들 걸음 멈춰 귀 기울인다

기쁨과 슬픔 영광과 좌절
광화문 지하 전동차
문설주에 귀 기울이네

그 이름 한국문예작가회
우리 모두 함께
힘찬 행진 멈추지 말아야

시

광복 그날이 오면 1

이연찬

내 조국 금수강산
광복 그날이 오면
삼천리 방방곡곡
암흑에서 광명의 빛이
눈물 어린 감격과 환희의 물결
온 겨레가 하나 되던 날
하늘도 땅도 함께 했다

비바람 긴 세월
조국에 전부를 바친
순국선열의 혼은
침묵의 대지 위에
꽃잎처럼 피어나고 있나니
당신의 숭고한 애국정신
멈췄던 겨레의 맥박
다시 고동쳤네

시

겨레여 이 감격 영원히
이제 일어서서 힘찬 내일을 향하여
오천 년 민족사
망국의 설움과 압박에서
지나간 80년 오늘
후손들 가슴속에
역사가 남긴 조국 사랑
광복이 오니

휘날리는 태극기 물결 속에
나라 사랑 마음과 광복 정신
우리 모두 함께 이어가세!

시

사모곡(思母曲)

이연찬

어머니 오늘은 섣달그믐날
이국 전선 저무는 저 달빛이
그리움 눈물 흘리게 합니다

참호에서 탄가루 앉은
시레이션 깡통 하나로
허기진 배 채우고
엠 16 소총 한 자루에 의지해
두 눈 부릅뜨고 있노라면
푸캇산 정글은 은빛으로 물들고
한 치 앞 내다보기 어려운 전장
이 고지 저 능선
간간이 들려오는 포성 소리만

자장가 같은 풀벌레 울음소리
방탄조끼로 달려드는 왕모기
하늘에는 별들만 눈부시게 비추고

시

어머니 내일은 그렇게도 그리던
희망찬 새해가 오건만
전선의 계절은 바뀌지 않고
열대의 밤은 깊어만 갑니다

어머니 뒷골목 군화 발자국 소리
문설주에 귀 기울이며
정한 수 촛불 밝혀놓고
아들 위한 합장기도 영원한 추억으로

당신 향한 그리움 삭이며 고향 생각
가슴에 새겨진 임전무퇴 정신
끝가지 내려 놓치 않겠습니다

시간이 흘러 밤은 깊어
용사들의 빤짝이는 눈빛이
너무나 자랑스럽고
전장에 비추는 정글의 둥근 달빛이
너무나 아름다워

어머니 오늘도 포성소리 흠뻑 마시렵니다

* 베트남전선에서 푸캇산, 월남 빈딩성 푸캇군에 위치한 산악 밀림 동굴지대

시

구멍 난 철모 1

이연찬

포연이 쓸고 간
비무장 지대 깊은 계곡
주인 잃은 구멍 난 철모 하나

비바람 긴 세월
아무도 없는 외로움
애잔한 전쟁의 상처만

그 주인의 운명 알려주는
커다란 탄흔 속에
야생화 함께 하고 있네

소총 한 자루에 의지해
적과 싸웠던 철모의 주인은
수많은 호국 영령 중 한 분

풍전등화 위기에 놓인

시

조국 지키기 위해
처절한 전장의 한복판

태극기 가슴에 품고
비 오듯 쏟아지는 총탄
온몸으로 받아 안으며

꽃다운 젊음 바쳤으니
그 불멸의 군인정신
영원히 살아 숨 쉬고 있다

이연찬 l 월남전쟁 참전(맹호부대, 무공수훈), 대한민국 재향군인회회원, 국가동원업체 비상계획
　　　　실장, 대한민국무공수훈자회원,대한민국 육군협회평생회원.
· 한국문인협회원, 한국현대시인협회원, 한국문예작가회 고문
· 서울특별시 중구구민가 작사.
· 위대한 한국인 대상, 한국문예작가회 문학 대상 수상, 서울특별시 송파구구민상 수상
· 호국보훈의달 표창 수상(국가보훈부 서울지방 보훈청장)
· 대표작: 전선의 초병, 구멍난 철모, 백마고지24번의 혈전신화, 전우의 함

시

석양의 노래

이정원

하얀 물감 풀어진 구름 흘러간 세월 한숨 되
멀리 하늘 올려다보면 어슴푸레 기억 떠올라
야속하게 흐른 세월 허공 속에 추억 맴돌아
조용히 눈을 감고서 그리움의 노래를

햇살이 사그라지면 주인 없는 어둠처럼
영혼 없는 육신 되어 여명의 빈자리 찾아

멍한 눈동자에 슬픔이 고이네
산등성이 걸터앉은 붉은 해가 지면
내 마음 깊은 곳도 소리 없이 멈춰 서네

서성이는 나그네 갈 곳조차 잊고
붉게 물든 저녁 하늘 내 마음 닮았네
석양 따라 걷는 길은 조용한 그리움의 길
갈 곳 잃은 나그네여 석양 끝에 머무소서.

시

아침 단상

이정원

아침에 봄비가 내린다
빗소리가 들리고
아침 공기는 상쾌하다

나뭇가지 입에 물고
오롯이 새끼를 위해
헌신하는 어미 새
새끼 새들은 새 둥지를 박차고
험한 세상, 하늘을 비상한다

고요한 아침
날갯짓 소리가 요란하고
하늘을 난다 나는.

수세미꽃

이정원

고요하고 마음이 평온해지는 아침
노란 꽃잎
수세미꽃이 피었습니다

아내의 손길이 고이 담긴
노란 수세미꽃에
사랑의 편지가 피었습니다

길게 뻗은 덩굴과 푸른 잎사귀
노란 수세미꽃이
지친 나에게 위로를 건넵니다

가을이 오는 소리
수세미꽃을 보며
오늘도 힘을 내어 봅니다

유유자적하는 삶 속에

시

마음의 상처가 치유되고
사랑과 평온을 선물합니다.

시

가을 풍경

이정원

소슬바람 불어오는
고즈넉한 시골 마을

군무로 피어있는 들국화
들녘에 코스모스 하늘거리고
그리움이 감나무에 매달려있다

까치 직박구리가
익어가는 홍시를 쪼아먹고
황금 들녘에는 고개 숙인 벼 이삭
비로소 가을이 왔음을 새삼 느낀다

덩실덩실 춤사위에
곡식이라도 거두어야 하나
추수꾼 발걸음이 빨라진다

가을 무르익은 시월

시

장안산 산줄기 너머
임의 목소리 메아리 되어 속삭이고

지금 여기
아름다운 가을 절경을
사랑하는 그대에게 선물합니다.

이정원 | 시인 · 수필가, 아호 : 청강
· 대한문학세계 시 · 수필 부문 등단
· 한국문예작가회 운영이사, 한국문인협회원, 창작문학예술인협의회원
· 시집 : 『삶의 항로』(시음사)

시

그리운 날의 시

전홍구

어느 날 문득
꺼내 보고 싶은 시가 있다
읽을 때마다 가슴이 두근거리고
눈가에 따뜻한 바람이 스치는 시

바쁜 하루 끝자락
마음이 기울어지는 밤이면
잊고 있던 기억을 불러내어
아무 말 없이 토닥여 주는 시

밤하늘 별빛처럼
멀리서도 환하게 빛나고
언제든 꺼내 보면
마음이 따스해지는 그런 시

나는 책장을 닫지 못한다
몇 번이고 다시 읽고 싶은
지워지지 않는 문장들이 있어
시집을 덮어도 시는 사라지지 않는 시.

시

많이 갖고 싶은 당신

전홍구

눈감고도 그릴 수 있는 당신 얼굴
충무공 이순신보다 퇴계 이황, 율곡 이이
세종대왕보다 신사임당이 좋은걸

배고프면 제일 먼저 생각나는 당신
철로 위로 기차가 달리듯
우리 생활에 절실히 필요한

팔에 팔꿈치가 없으면 굽어지지 않듯
생활에 당신 없으면 몸으로 때울 수도 없고
감옥 갈 수도 없고 마왕도 굶어 죽는

몽땅 갖고 싶은 당신
가능하면 많이 갖고 싶은 돈
거지보다 내가 당신을 더 좋아합니다.

시

그곳에 빛이 있다

전홍구

어둠 속에 길을 잃고
방황하던 나에게
세상의 소음 속에서
조용히 울려 퍼진 한마디

"이 길의 끝에 빛이 있다."

그 말은 곧
내 안의 어두운 구석에
숨겨진 희망의 씨앗이었고
잠시 멈춰 선 내게
다시 일어설 힘을 주었다

길이 아무리 험해도
걸어가면 언젠가는
그 빛에 닿을 수 있음을
지금, 이 순간
마음 깊이 새긴다.

시

바람 난 아내

전홍구

그녀 나 없이는 못 산다며 반세기 동안
쌀 씻고 김치 담그고 아이 키우며 살다
나 몰래 단어랑 눈이 맞았다고 하더니
입술에 詩를 물고 세상으로 걸어 나갔다

거울 속 주름이 풍경처럼 아름답다며
화장대를 꽃밭이라 부르며 들랑대더니
단어 하나 고르며 속눈썹을 바르고
구름 치마 입고 무대에 오른다고 하네

기다리다 조용히 저녁을 차리는 나에게
오늘은 누구의 생일이냐고 빈 접시가 묻는다
바람난 아내는 구름처럼 유쾌하고 자유롭고
난 바람난 구름의 그림자를 기다리며 산다.

전홍구 |「문예사조」시, 수필 등단(1991)
· 한국문인협회 시분과 회원, 국제PEN한국본부 정회원, 한국크리스천문학가협회 이사, 서울시 인협회 이사, 한국문예작가회 자문위원
· 2008년 한국민족문학상 대상 수상, 2012년 세종문화예술 대상 수상, 2022년 한국문예예술대상, 2024년 대한민국 문화예술 명인대전 문학부문 대상 수상, 2025년 글로벌컬쳐 명인대상 수상
· 제3집「나뭇가지 끝에 걸린 하늘」, 제4집「속이 빨간 사과」, 제5집「먹구름 속 무지개」, 제6집「그래도 함께 살자고요」, 제7집「나의 펜은 마른 적이 없었다」, 제8집「80송이」

시

더 크게 더 멀리 보라

월촌 정상문

산에 나무를 볼 때
좀 더 머얼리 숲을 보며
좀 더 눈을 들면 산을 보라
그러면 당신 눈은 산맥을 본다

강을 보려 하는가
더 머얼리 바다 보인다
바다 끝 지구 보이게 되며
넓은 우주를 상상할 수 있으리

당신이 소망으로
구원 얻었음을 믿으면
보이는 현실의 소망보다
보이지 않는 것을 더 믿어라
(로마서 8:24)

당신의 비전 속에

시

성령님의 공급하시는
능력을 받아 강건하리라
당신은 능히 할 수 있으리라

시

푼수도 사랑은 알아요

월촌 정상문

사람들이 날 보고
푼수 빠진 사람이라 말한대요
열심히 살아온 것뿐인데

푼수가 뭣일까요
2 프로 부족한 사람이 푼수라
나 2% 부족함을 알아요

크게는 못하지만
콩한톨 나누며 살고픈 마음을
자린고비로 살면 무얼까

최선을 다하면서
주며 부끄럼 없는 삶이 푼수랴
푼수라도 행복하면 되죠

외국인 각막으로
세상 보며 여생을 주 함께하니
푼수라도 천국 온 것 같네

시

소중한 삶은 주를 위하여

월촌 정상문

아무리 귀하고도
소중한 일이라도 육신만 필요한
세상일만 하지 않겠습니다

아무리 힘들어도
사람들로부터 푼수 소리 들어도
주 위한 일에 기꺼이 살리라

십자가의 삶에는
주님이 원하시는 일만 행하리라
주님 위한 멋진 삶으로 살리

주 뜻대로 살기
위하여 나의 잘못 생각을 버리고
미련한 사람의 삶도 괜찮소

믿음 있는 사람
예수님 계시 옴을 영광스럽내요
당신의 삶 속에 보호하시리

시

사시사철의 인생

월촌 정상문

길섶 풀 한 포기도
춘풍에 하늘거리는 꽃잎도
하나님의 뜻 있는 것을

신록의 산과 들에
아름다운 꽃들 향연이어도
주님 없는 헛 세상인걸

색색 물든 단풍도
때가 지나면 추풍낙엽 되듯
믿음 떨어지면 안되네

엄동설한 혹한의
눈 속에 피어난 설중매처럼
믿음의 꽃 피기 원하리

날마다 겸손함에

시

내 자신 내려 놓려 기도함은
좋은 꿈 이루려 함이라

내가 바라는 삶은
주가 짊어진 골고다 산상의
십자가 보며 살아가리

정상문 | 월촌 정상문 (전북 김제 산 1943.9.17.생)
· 대한신학대학원대학교 특임교수. 대한예수교장로회총회장 역임(107회)철학. 행정학. 기독교육학. 명예신학박사, 수도국제대학원 대학교 목회대학원장, 국신문학창립회장.
· 한국문예대상. 목양문학상. 세계문학상. 아멘스코프문학대상.
· 쉴만한물사작가대상. 크리스찬신문문학상

시

거듭남

정순영

두려워 말아라
생겨나면 죽고 죽어서는 생겨날 것이다
꽃피는 새싹은 무성한 여름이 보이고
하늬바람은 발가벗은 겨울나무를 깨우친다
두려워 말아라
몸은 흙으로 돌아가도
시간 밖에서 시간 안으로 오신 이의 품에서
회개하고 죽어서 강물에 씻기어
새하얀 세마포에 휘감기어 살아올라 참 빛으로 빛나리니
두려워 말아라
다시 생겨난 순진한 생명은 죽지 않는다

시

탱자나무

정순영

1
말씀의 소리꾼이 탱자나무 북채로
세상의 박(拍)과 박 사이를 치고 들어가서
북통을 따악 하고 치면
성령이 죄를 물리치고 생명을 구하나니

2
탱자나무 빼족한 가시울타리에는
멧새들이 곱디고운 세마포를 입고 오손도손 소곤거리네
매가 하늘을 쉼 없이 선회하지만
멧새들은 눈 하나 깜빡하지 않고 평온하게 감사기도를 하네

〈"탱자나무" 묵상 성경 구절〉
*시편 104편 12절 "공중의 새들이 그 가에서 깃들이며 나뭇가지 사이에서 소리를 발하는도다"
*에스겔 17장 23절 "이스라엘 높은 산에 심으리니 그 가지가 무성하고

열매를 맺어서 아름다운 백향목을 이룰 것이요 각양 새가 그 아래 깃들이며 그 가지 그늘에 거할찌라"
31장 6절 "공중의 모든 새가 그 큰 가지에 깃들이며 들의 모든 짐승이 그 가는 가지 밑에 새끼를 낳으며 모든 큰 나라가 그 그늘 아래 거하였었느니라"
*다니엘 4장 12절 "그 잎사귀는 아름답고 그 열매는 많아서 만민의 식물이 될만하고 들짐승이 그 그늘에 있으며 공중에 나는 새는 그 가지에 깃들이고 무릇 혈기 있는 자가 거기서 식물을 얻더라"
*마태복음 13장 32절 " 이는 모든 씨보다 작은 것이로되 자란 후에는 나물보다 커서 나무가 되매 공중의 새들이 와서 그 가지에 깃들이느니라"

시

허리를 굽히면

정순영

허리를 굽히면
아름다운 풀꽃들을 만날 수 있듯이
허리를 굽히면
아름다운 사람들을 만날 수 있다네
낮은 곳에 사는 풀꽃이나 사람들은 겸손으로 더 높은 하늘에 안기어 산다네
미워하는 마음으로 풀꽃을 보면
어서 뽑아야 할 잡초로 보이지만
사랑하는 마음으로 풀꽃을 보면
향기롭고 해맑은 새악시로 보인다네
사람도 그렇다네

시

진달래

정순영

겨우내
속으로만 여민

붉은 꽃봉오리에
해맑은 하늘빛이 스미어

다시 살아나
승천(昇天)한 이가 그리워

주여
주여
간구하는

봄바람에
볼 붉히는 *연분(緣分)

양지바른 산자락에서

시

발갛게 취해 드러누워 봄 잠을 자는가

슬픔에 젖은 예쁜 아씨여~!

연분(緣分)은 대속*(代贖) (예수가 십자가의 보혈로 인류의 죄를 대신 씻어 구원한 일)

정순영 | 하동출생. 1974년 〈풀과 별〉 추천완료. 시집; "시는 꽃인가" "침묵보다 더 낮은 목소리" "조선 징소리" "사랑" 외 7권. 부산시인협회 회장, 한국자유문인협회 회장, 국제pen한국본부 부이사장, 동명대학교 총장, 세종대학교 석좌교수 등 역임. 부산문학상, 한국시학상, 세종문화예술대상, 한국문예대상, 외 다수 수상. 〈4인시〉〈셋〉동인.

시

그네

제정호

그네를 탄다
앞산이 미소 지으며 다가온다
줄을 놓으니 온갖 망상이 날 괴롭힌다
세상사 모든 일
내 마음에 있었네

늘 그네 타고
그대 앞으로 그도 내 앞으로
팔 베고 누어
허공에 그네 걸어 마주 보니 즐겁고
그대에 빚진 근심 걱정 구름처럼 사라지고
마음은 늘 평온이 온다

거울 앞에 서본다
늘 나를 주시한다.

시

회포

제정호

끝없는 번뇌도
술 한 잔에 씻어버린다
격식 없는 벗과 마주 앉은 대폿집
인생의 땟자국 덕지덕지 쌓인 곳

술안주는
친구들 안부
자녀들 소식이네

지나간 좋은 추억만 술잔에 담고
가슴에 담아둔 껍데기 얘기는
안주로 꼭꼭 씹어 삼킨다

철들었나 봐
호탕한 웃음에 석양을 감추고
세월의 무게를 느낀다

시

친구야
자주 만나 옛 얘기로
속풀이 하세나.

시

말의 향기

제정호

말 말 많은 세상
말 향기 수만 리 가고
말의 독은 칼이 된다

심산유곡 나비 따라가면 꽃 본다
훈훈한 봄바람이 꽁꽁 언 산천 녹이고
새 생명 움트게 도운다

입은 늘 꽃단장 시키고
혀끝에 나오는 독은 사리를 만들고
욕심 버리면 말이 향기 되어
마주 앉은 이 꽃다발 내민다

깊은 산골에
난초 피는 날
길손은 다 안다.

시

가을

제정호

푸른 산
치마폭에 계절을 감추려 하나
들녘에 황금물결 일고
참새 쫓는 허수아비 쉬지 않고 춤춘다

고추잠자리 날갯짓에 코스모스 하늘거리고
귀뚜라미 울음소리에
산천은 서둘러 색동옷 갈아입네

옛날 생각에
파아란 하늘에 핀 꽃구름 엽서
가을바람에 흩어지고

은행나무 잎
나비 되어 떨어지고

덧없이 흘러간 세월

시

석양이 아쉬워
낙엽에 봄소식 추억을 담아
책갈피에 꽂아 본다.

제정호 | 경상대학교 총학생회장, 부산대학교 경영대학원 경영학 석사
· 한성생명보험주식회사 감사, 동주여자대학교 초빙교수, 재경고성향우회장 역임
· 한국문단 수필 · 시 부문 신인상 수상
· 한국문예작가회 지도위원, 재경고성문인협회 이사
· 한국문예시문학대상 수상
· 시집 : 「꽃밭은 봄부터 가꾸어야」

시

장다리 꽃밭

지성 김정희

노란 꽃으로 뒤 덮은 향은
바람에 날리고

씨앗으로 남은 작은 꼬투리들
긴 장다리 밭에서
사납게 덤벼드는 돌각사리

발끝 잡고 시비거는 풀 뿌리들
퀘퀘한 두엄 냄새 속에서도
기약 없는 어떤 길을 가야 하는지
운명이라 여기며

맑은 빛의 소망이여!
아찔한 나비같은 춤사위로
이른 봄날은 그만 혼절한다

시

사촌 언니와 나 그리고 버찌

지성 김정희

벗나무 가지마다 흑진주 처럼 잔뜩
열렸던 까만 버찌
사촌 언니와 나 버찌 따 먹고
까만 입술로 깔깔 대던
쌉쌀하고 달콤 했던 향기

꿈 같은 어린시절 나비처럼 날아와
사뿐이 앉았다가 사라진
영원 할것 같던 기쁨 행복
가 볼 수 없는 슬픔

언니는 오래전 미국 시애틀로 이민을 갔고
앞은 희미해지고
흰노을 뒤집어 쓴채 세상길 더듬어

아미선 곱던 아이들
오늘도 먼 노스텔지어의 구름 언덕길
걷고 있는지

시

태초의 고향은 어디더냐

지성 김정희

기하 급수적으로 늘어난 인구 민주주의 라는
미명 아래 자본주의 사회 일확 천금
눈이 멀어 노동의 기치 상실되고

어둡고 암담한 천륜이란 인정이란 정직이란
이런 말들이 진작에 무슨 귀신 씨나락
까먹는 소리냐고 하였다 협공 당하고 마지막
남은 윤리 도덕이란 근본 잎마저 사정 없이
떨어뜨린 곳곳엔 상처난 세월
가라 앉을만 또다시 휘몰아치는
광풍 피폐한 무질서의 거리

전통사회 한없이 부족하고 궁핍 했었도
선인들의 올곧고 정감 넘치는 삶의 표본이
그리운
방향의 서러움으로 쏟아지는 눈물되어
흐르는 21세기 폭풍의 강

시

산천초목은 소리쳐 탄식한다
태초의 고향은 어디더냐?

김정희 | 문예춘추 시 부문 등단, 청계문학 시·수필 부문 등단
· 중앙일보사 평택지사 근무
· 한국문예작가회 감사

초록의 숨결

소현 최수분

숲은 지금
가장 푸른 숨을 쉽니다
이른 아침 이슬 머금은
풀잎 하나에도
여름의 숨결이 맺혀 있습니다
햇살을 마시고
바람과 춤추며
어디선가 들려오는
매미의 노래마저도
생명의 외침처럼
들립니다

시

연두빛 설렘

소현 최수분

앙상하던 가지 끝에
연두색 한점
아무 말도 하지 않았지만
내 마음 먼저
설렘으로 물 들었습니다
겨울의 침묵을 뚫고
햇살 따라 피어난 그 빛은
희망이었고
기다림이 있고
다시 살아가고 싶은
나의 봄이었습니다
이 작은 숨결 하나가
내 안에 바람을 일으킵니다
연둣빛으로 피어나는
내 마음의 첫사랑

시

"품" 어머니

소현 최수분

어머니의
작은 두 손은
햇살처럼 따사롭고
바람처럼 조용했다
꽃 진자리
다시 피우고
시든 마음도
살며시 감싸 안았다
자연이 그러했듯
말없는 품으로
언제나 거기 계셨다

시

"품처럼"

소현 최수분

말없이 다가와

말없이 안아주는

그런 마음을

그땐 몰랐습니다

그저 무슨 뜻인지도

시간이 지나

고요한 자리에 앉아보니

이제야 알겠습니다

있는 그대로

머물러 주는 마음

품처럼

말없이 따뜻한

그 사랑

최수분 l 경남 밀양시 삼랑진읍 출생
· 동의대학교 행정대학원 수료
· 『한국문예』 시 부문 신인상 수상
· (전)동의대학교 행정대학원 총동창회 회장
· (전)부산시 동래교육청 학교새마을연합회 회장
· (현)부산시 동래구청 새마을후원회 고문, 령강복지재단 이사,
  인도네시아 찌아찌아 한글장학회 후원회 회장, 한국문예작가회 운영이사

시

손안의 세상

최임순

작은 네모 안에 세상이 움직인다
뉴스 사람 날씨 심지어 나의
하루마저 손끝으로 넘겨 봅니다

예전에 편지를 쓰고 목소리를 기다렸지요
요즈음 한 줄 메모지에 웃고
한 칸 이모티콘에 눈물짓습니다

밥상 위에도 지하철에도 벤치에 앉아있는
여인들에게 스마트폰이 먼저 말을 걸지요
지금 어디 있나요 하는 질문 앞에서
 서로를 등지고 작은 화면만 바라봅니다

우리의 가슴속에는 하나의 강 하나의 바다
조국이 흐르고 따뜻한 손길 평화의 숨결 속에
우리가 심은 이 씨앗 백년 천년을 이어
좋은 세상 평화통일의 꽃으로 만개하리라

시

피 흘리지 않고 심장이 먼저 오가야 하니까요
소박한 기적이 이 땅에 피어나 손전화 속에서
여전히 연결되고 기다리고 사랑을 배우고 있어요
21세기를 살아가는 희망을 포기하지 않습니다

시

얼굴에 핀 웃음꽃

최임순

초록이 짙은 맑은 하늘
따뜻한 기쁨에 고요한 숲길
햇살은 푸른 희망에 나뭇잎 위에서
물빛처럼 반짝이고 작은 바람 한 줄기
뺨을 스치듯 지나간다

배우자의 눈빛엔 오랜 세월의
따뜻함이 흐르고
아들의 미소에는 든든한 그늘이 되어
며느리의 정결한 손길 말 없는 감사를 건넸어요

차향에 잊히지 말고 마음에 머물려
그 여름날 추억 몸과 마음을 적셔주는
따뜻한 기쁨 바람 따라 마음에 머물러
보랏빛 마음에 반짝이는 여정

시

인생 꽃

최임순

한 송이 꽃이 피어나듯
익어가는 우리 인생도
수줍게 피었습니다

봄바람에 흔들리고 여름 햇살도
뜨겁게 견디며 가을빛에 물들어
겨울을 준비하는 순간이
한 송이 꽃이었습니다

누구는 화려했고 누구는 조용했지만
저마다의 자리에서 꽃피는 계절에
충실히 피어 있었지요
지는 꽃이 아닌 다시 피기 위한
숨 고르기 축복입니다

시

호수

최임순

물빛이 마음을 어루만집니다
바람이 지나가고 햇살이 머물며
그림자도 조용히 익어갑니다
일렁이는 물빛에 유구한 억겁의 세월

빠른 인생 돌아보면 속절없는 날들
주름진 손에 영롱한 눈빛으로 위로하며
호수에 하얗게 에델바이스 한 송이
 그토록 순정한 마음 품어주네

최임순 | 한국문인협회 문학연구위원회 위원, 한국문인협회 양천지부 자문위원, 한국문예작가회 부회장 사회자, 문학평론가, 중앙대학교 문인회 이사, 한국대경문학 이사, 한국문예연수원 문예창작 교수, 「한국문예」 문학상 심사위원
· 대한민국신문기자협회 한국문학대상 수상, 한국인문학 대상수상, 한국문예 작가회 공로상 수상, 한국문인협회 양천지부 문학상 수상, 법학과 법률봉사회 기획부장 감사장 수상, 국민 행복 여울 문학상 시 낭송 대상
· 시집 : 「아름다운 미학이란」 「사랑의 꽃 새롭게」 외

동시

김종상

한경희

동시

강아지였으면

佛心 김종상

벚꽃, 망초, 국화에다가
개자를 붙이면
개벚꽃, 개망초, 개국화가 된다
고운 꽃이 좋지 않게 생각된다

맛있는 과일들도 그렇다
개살구, 개머루, 개복숭아는
전부 맛이 별로인 과일이다

개자가 붙으면 뭐든지 나쁘다
개꿈, 개떡, 개구쟁이…
모두 강아지로 하면 좋겠다.

동시

체조시간

佛心 김종상

아이들이 나란히 서서
체조하는 운동장은
해바라기 꽃밭 같다

얼굴은 꽃송이들이고
흔드는 팔과 다리는
나부끼는 잎과 줄기다

아이들이 줄맞추어
체조하는 운동장은
해바라기 꽃밭이다.

동시

스케치

佛心 김종상

해님은 하늘을 지나며
모든 것을 스케치한다

가만히 서있는 나무는
조용히 서있게 그리고

꽃잎처럼 예쁜 나비는
팔랑랑랑 날게 그리고

무성한 숲은 울창하게
강은 흘러가게 그리고

서산으로 넘어갈 때는
몽땅 까맣게 지운다.

동시

물새 소리

佛心 김종상

나이를 먹어가니
지난 일이 그리워

무지개 색동옷을
자랑스레 차려입고

어머니 손을 잡고
외가에 가던 기쁨이

이제는 가득하게
흘러간 세월의 강

어디서 들려오나
멀어간 물새 소리.

김종상 | 1960년 《서울신문》신춘문예에 童詩「산 위에서 보면」당선
· 2002년 童詩集 翻譯版「中英雙語童詩」臺灣 人類文化公司 刊行
· 2003년 童詩集「Graine de Bouddha」France Picquier Jeunesse 刊行
· 2007년 童詩「길」日本 金剛學院小學校 6學年 中級般「韓國語」에 收錄
· 현재 : 국제PEN, 한국문협, 현대시협, 창작문협, 한국아동문학인협회 고문, 한국문예작가회 상임고문, 「한국문예」문학상 심사위원, 한국문예문학대상

동시

가을 햇살

한경희

가을 햇살이 부서진다기에
가을 단풍 울긋불긋 동산으로
누나 따라갔어요
해님이 어떻게 부서지나
궁금해서요
그런데 동산에는
단풍나무 잎새 비집고
해님이
환한 얼굴 들여 밀고
반짝반짝
단풍처럼, 짝꿍처럼
웃고 있어요

동시

겨울 까치집

한경희

눈이 함박처럼 내리는 날
흰 나뭇가지에 까치 한 마리 앉았네
눈꽃 몰고 오는 반가운 손님 기다리나
까치 날개에 은꽃이 쌓이네
 "까치야 까치야
  우리 집으로 들어와, 감기 들면 안 돼."
오두막 같은 까치집 한 채가
하늘가에 앉아
하얗게 속살거린다

동시

우리 오빠

한경희

정말 똑똑한 우리 오빠
시험도 백 점 맞고
문제도 잘 맞추고
다 잘하는 우리 오빠

하지만 못하는 것도 있지
내가 자신 있는 스트레칭
못하는 오빠
나는 정리는 잘하는데
못하는 오빠
못하는 것도 노력하는 오빠
나도 오빠처럼 돼야지

동시

옷정리

한경희

옷이 구겨져 뒹굴고 있어
찡그린 얼굴은 재미없지
용기도 없어 보여
깨끗하게 접어
상자에 곱게 넣어줄래
너와 함께 예쁘게 친구 하고 싶거든

한경희 | 서울 출생. 시인. 수필가. 아동문학가
· 종로문학회 회장 역임, 강남포에트리문학회 회장, 한국문예작가회 자문위원, 한국문인협회원
· 한용운 문학상, 포에트리아바 문학상, 라빈드라나다 타고르 문학상, 현대시 매·란·국·죽 문학, 한국문예 동시 문학대상 수상
· 시집 : 『꽃지갑』 『꽃잎의 언어』 동시집 : 『웃음이 말걸기』
『포에트리선정 올해의 좋은 시』 공저

수필·칼럼 문학 평론

고응남

공대천

권영이

김원규

김청

임무영

최대락

홍순철

수필

연말 되면 생각나는 1217 숫자

고응남

 80년대 중반, 결혼하고 아내를 맞이하니, 그 전에 없던 생일 파티를 하게 되었다. 아내가 나와 형제들, 식구들의 생일을 챙기게 되었다. 생일상을 차려주고 미역국을 끓여 주고 케이크를 자르는 그 관습이 지금까지도 이어지고 있다. 내 딸들에게까지 이어지는 생일 파티이다. 지금은 서울이나 제주나, 우리나라 어디에서나 누구에게나 생일 파티를 중요하게 여기는 관습이 일반화되어 있는 듯하다.
 최전방 부대였던 20사단. 철마는 달리고 싶다는 팻말이 있는 철원 월정리 역. 이 곳을 관장하던 부대였다. 북쪽으로 가는 기찻길이 끊겼던 곳. 군인 일등병 때 부대 식당에서, 우연히 너무도 반가운 얼굴을 만나게 되었다. 고교 동창생 K 군. 같은 반은 하지 않았어도 205번 시영버스를 타고 통학을 하며 간혹 만났던 친구였다. 나는 이문동에 살았고, 그 친구는 전농동에 살고 있었다.
 10여 년 전에 중국 상해에 몇 번 출장 갈 일이 있었다. 만나지 못했다가 어느 해인가 그를 만나게 되었다. 중국을 여러 번 갔지만 비위가 너무 약해서 중국 음식을 전혀 먹지 못했던 나. 그는 상해에 있는 최고급 일식집으로 나를 안내하고 식사 대접을 하였다. 사업하느라 바쁜 와중에 평소에 가보지 못했던 관광 코스로 나를 안내했던 그였다. 너무나도 고마움을 느끼며, 나중에 다시 만날 날을 기약하며, 사업 잘하라고 격려하며 헤어졌던 그 친구.

2021년 2월 정년 퇴임 후 11월 초. 간만에 마음의 여유와 시간의 여유가 생겨서, 고교 동기들 모임인 1년에 한 번 행사인 산행에 참석하게 되었다. 남산 둘레길. 붉은 단풍과 어우러져 있는 길. 참 아름다운 곳이다. 약 3시간쯤 걷는 코스이다. 전철 충무로역 부근의 한국의 집에서 출발하여 동대입구역 부근으로 내려오는 가벼운 등산길이었다.

장충동 족발집에서 식사 마칠 때쯤 그 친구로부터 카톡 메시지가 왔다. 혹시 등산에 참여했느냐는 것이었다. 그 친구는 등산에는 일이 있어 참여하지 못하고 끝에 합류하겠다는 것이었다. 식사 마친 후 카페에서 그 친구를 만났다.

K 군. 2021년 1월에 만나긴 했지만, 잠깐 얼굴을 봤다. 그때는 그 친구 어머님이 돌아가실 때여서, 장례식장에서 잠시 앉지도 않고 조문만 하고 헤어졌다. 코로나로 인해 장례식장에서 식사도 제대로 못하고, 친구 얼굴도 제대로 보지 못하고 나왔다. 부조금만 온라인으로 보낼까 고민하다가 그래도 친한 친구인데. 마음을 먹고 천안에서 서울로 조문을 갔던 적이 있다. 천안에서 두정역까지 택시 타기 위해서 행복 콜을 했는데, 그 차량 번호가 51바 1217이었다. 지금도 문자 메시지에 남겨져 있다.

택시 콜을 하면 타기 전에 미리 문자 번호가 온다. 숫자나 차량 번호는 기억할 수 없는데, 1217 번호가 찍혀 있었다. 깜짝 놀랐다. 나의 생일과 겹치는 숫자이다. K 군 생일과도 겹치는 숫자이다. K 군과 나는 같은 생일이다. 태어난 시각은 조금 다르지만. 이런 인연도 있을까. 그 많은 숫자 중에 이렇게 겹치다니. 10여 년 동안 그렇게 많은 택시 콜을 했어도 이러한 숫자는 없었다. 그래서 기억하고 있다. 장충동 카페에서 문자 메시지도 보여 주었다. 이런 택시 콜 숫자 얘기를 그 친구에게 해주다니. 그 친구도 깜짝 놀랐다. 귀하고 묘한 인연이다.

수필

10월의 마지막 밤, 한라산

고응남

　산. 평소에 신비로운 모습을 보여 준다. 특히 사계절이 뚜렷한 우리나라 산들은 더욱 그렇다. 멀리서 바라다보는 산은 좋아하지만, 아주 가까이 친밀하게 스킨쉽 하면서 등반하는 산은 별로 좋아하지 않는다. 몇 시간 땀을 흘리며 올라가고 내려가는 산은 나에게 매력을 주지 못한다. 나의 게으름 때문일까.
　제주 한라산, 멀리서 바라다보는 모습은 나에게 편안함을 준다. 어머니처럼 여인처럼 부드러움과 완만함을 선사한다. 봄인데도 먼 산꼭대기에 눈이 쌓여 있는 모습. 제주에서 태어나 어릴 때부터 한라산의 모습을 보아 온 나는 이러한 풍광이 이국적이기도 했었다.
　한라산 정상까지 못 가본 제주에 사는 사람들이 의외로 많다. 가까이 다가서면 생각보다 높은, 우리나라 제일 높은 산이라는 이유보다는. 오히려 외지인들이 한라산을 더 자주 올라가고 내려간다. 현지 사람들은 아무 때나 마음먹으면 갈 수 있다는 생각 때문이리라.
　1999년 가을. 대학생 제자들을 인솔하여 제주에 졸업여행을 간 적이 있었다. 보통은 일정에 한라산 등반을 포함하지 않지만, 학생들의 의견을 받아들여 올라가게 되었다. 몸 상태가 좋지 않은 학생 일부는 숙소에서 쉬도록 하고, 학생들 대부분은 산에 오르게 되었다. 한라산에는 여러 개의 등반코스가 있는 데, 한라산 정상을 갈 수 있는 코스는 몇 개 되지 않는다. 그중에 학생들 안전도 생각하고 어리목 코스를 택하게 되었다.

수필

　1100고지에서 시작하여 1950고지까지 한라산 정상까지 등반 시간은 편도 두 시간 반 또는 세 시간쯤 걸린다. 일부 학생들은 1700고지인 윗세오름까지만 머물고, 정상 올라가기를 중도 포기하였다. 나도 인솔자가 아니었으면 아마도 이쯤에서 포기하고 내려왔을지도 모른다. 하산한 후 정상까지 가지 못하고 포기한 일부 학생들의 후회하는 말소리도 들렸었다. 나도 마찬가지였으리라.

　졸참나무 숲으로 이어지는 어리목 계곡을 지나서 계단으로 된 숲 지대를 걸으면 시원스럽게 펼쳐지는 사제비 동산이 나온다. 만세 동산으로 이어지는 돌길을 걸었다. 뒤 풍광에는 오름들과 수평선이 아름다운 파노라마처럼 펼쳐진다. 해발 1,600고지 만세동산. 여기를 넘어서면 평지가 시작되고 한참을 걸어가면 백록담 화구벽을 눈앞에 두고 윗세오름 대피소를 만나게 된다. 윗세오름에서 백록담 정상까지 오르면 된다.

　이러한 아름다운 풍광임에도 불구하고, 나에게 한라산 등반이란 이상하게도 재미없는 계단의 지루한 발걸음이란 추억만 남아있다. 멀리서 보는 한라산은 아름다운 풍광을 내게 주지만, 계단을 등반하는 한라산은 매력을 주지 못했다. 나에게 묵묵히 이뤄내라는 수도자의 고행을 주는 듯하였다.

　한라산 정상에서의 희열도 잠시였다. 백록담의 고인 물도 수도자의 삶처럼 화려하지 않고 웅장하지 않으며 오히려 검소하고도 빈약하기까지 하였다. 말라서 물이 거의 없는 상태이었다. 백두산 천지의 물처럼 장대하고도 풍성함, 젊은 혈기가 없었다. 정상마저도 황폐한 사막처럼 나에겐 다가왔다. 너무 멋있는 풍광이나 풍성한 호수를 기대했던 것일까.

　늦가을 거리에 나뒹구는 낙엽처럼. 내 마음을 황량하게 하는 그대의 모습을 보았 던 것은 무슨 연유일까. 보고 싶어도 보지 못하는 돌아가신 어머니의 그리움일까. 이제는 무릎이 좋지 않아, 오르고 싶어도 오를 수 없는 그

수필

대여. 멀리서만 바라다봐야 하는 동경의 산이 되어 버렸다.

처음이자 마지막으로 올랐던 한라산 정상인 백록담까지의 등반. 한 걸음 한 걸음 땀방울 흘리며 올라갔던 한라산 계단들. 이제는 10월의 마지막 밤이라는 노래 가사처럼 잊혀진 계절에 나를 울리는 추억의 한 장이 되었다. 이룰 수 없는 한라산 등반 꿈은 슬프고 나를 울린다.

고웅남 | 제주 출생, 소설가 · 시인 · 수필가 · 화가, 백석대학교 前 교수
- 「계간문예」 소설부문 등단, 「신문예」 시부문 · 수필부문 등단
- 한국문예작가회 자문위원, 마포문인협회 편집주간 · 심사위원, 종로문인협회 부회장, 가곡작사가협회 이사, 중구문인협회 자문위원, 한국문인협회 시서화진흥위원회 위원, 국제펜 한국본부 회원, 한국소설가협회 회원, 한국전업미술가협회 자문위원
- 한국문예 수필 대상, 시산연농문학상(수필집) 수상
- 소설「건넌방 불빛」, 수필집「미농 그 남자」, 시「하르방 하르바앙」외 다수

일기 3

술이 횡설수설하다
욕을 해댄다 하늘도

공대천

 술에 젖은 새벽이 욕을 해댄다 하늘도 오늘은 내 편을 들어주며 아우성이다 바보 같은 놈들 왜 그리 슬픈 노래만 불러댔나 그늘이 있는 노래가 영혼부터 몸을 좀먹는지 알았을 터인데….

 배호 형도 현석이와 광석이, 두 아우 놈들도 다 그렇게 일찍들 갔다 그들보다 더 아픈 세상을 살아가고 있는데, 나는 왜 아직까지 살아 숨 쉬고 있는 걸까 더욱이 오래 살아 보겠다는 생각도 없는데 수술대 위에서 두 번이나 칼이 몸을 갈랐는데도…

 술에 취한 대낮 달 속에서 현석이가 보듬어 준다. " 더, 더 드세요 저는 더 마셨어요" 머리가 아려와 가슴을 친다 몸 안에 뻔뻔하게 자리 잡은 심장박동기가 짜증을 낸다. 숨이 가빠지며 역시나 외로워 진다.

 광석이가 툭 튀어 나온다 " 형, 그래도 내 몫까지 오래사소" 비겁한 놈 아직도 무얼 숨기고 싶나 두 놈의 노래에 술이 머문다. 많이 보고 싶다 노래에 젖고 싶다 배호 형에게서 카톡이 왔다.

 " 공 아우, 니는 덜 외로워서 지랄을 하는 거다 아직도 숨 쉬고 있다고 자랑하냐?" 손에 잡히지 않고 형체도 없이 속을 뒤집어 놓는 세 사람, 그들은

수필

한번은 만났을까? 셋이 아픈 합창으로 서로를 쓰다듬어는 보았을까? 아님 각자 가슴시린 자기 노래만 부르고 있을까?

성기에게도 용필이 에게도 말 못한, 세 사람에게 빨리 가지 못하는 변명 "쪽팔리지만 해야만 할 일이 있음이다 조금 늦게 찾아가려 해 마누라에게 내 잘못 씻고 나서…." 그리고나서 만나면 당신들의 아픈 노래 함께 부르리라

정말이지 나 아직 덜 외로운 건가? 이 새벽에 벌써 소주가 두 병이다. 냉장고를 뒤 집는다 아내가 숨겨 놓은 한 병을 끝내 찾는다. 나는 외로움을 즐기는 알코올 중독자다.

여자가 내 옆에서 쌔근거린다. 나를 향한 연민이 묻어 있다. 얼굴에 입술을 준다. 그래, 나 아직도 행복에 겨운 거다. 그런데 왜 가슴이 허하나 왜 휑해져 가나 나도 모르는 숨겨진 내 속의 나를 만나고 싶다. 냉장고에 술이 비었다. 술이 더 고픈 새벽이다.

사랑은 더 고프다.

공대천 | 1950년 통영 출생
· 70살에 글쓰기에 접한 늦둥이
· 2020년 「문학시대」 시, 「국보문학」수필 등단
· 한국문예작가회 자문위원
· 국보문학 작품상, 문학신문 수필 대상 수상
· 산티아고 순례기,「등 뒤에서 부는 바람」 외

수필

국토를 초토화시킨 극한 물 폭탄 세례와 노아의 방주

권영이

　입추도 지나고 말복도 지났는데 8월의 태양이 넘 뜨겁다. 38도가 넘는 극심한 더위가 푹푹찌는 폭서의 날씨가 계속되더니 오늘 새벽에는 장대비가 내린다. 서울만 괜찮은가 했더니 이제 서울차례가 도래했나보다. 일기가 종잡을 수 없이 출렁대는 여름이다.

　금년 7월 16일부터 20일까지 닷새간 기상 관측 이래 유례가 없는 극한 호우가 쏟아져 200년 만의 한번 발생한 그야말로 물 폭탄으로 나라가 초토화 되었다. 기상청 발표에 의하면 폭우의 원인이 찬 공기와 뜨거운 공기의 강한 충돌로 인한 비구름대의 비대화와 잦은 정체로 인한 벼락 폭우가 발생하고, 밤부터 새벽사이 야행성 폭우로 17일에는 충청 서산에 413.4mm, 호남 광주광역시 426.4mm 등 충청과 남부지방 10곳에 기록적이 폭우가 쏟아졌다.

　궁극적인 원인은 기후변화로서 과거 일정한 계절적인 기상패턴이 깨지고 예측 불가능성이 커진 때문이라고 분석했다. '밤새 안녕'이라는 말이 있듯이 경남 산청은 5일간 누적 강수량이 793.5mm로 17일에는 시간당 101mm가 쏟아져 전 군민 대피령이 내리고 사망 10명 실종 4명의 인명피해를 냈다.

　산청은 지리산과 충돌한 비구름대가 산을 못 넘고 산자락에 위치한 마을로 물 폭탄을 퍼부어 순식간에 뒷산이 무너져 내려 집이 형체도 없이 사라

수필

지고 집터에 집채만 한 바위가 뒹굴었고 전신주도 쓰러져 흙탕물이 폭포수처럼 흘러내리니 잠을 자다 혼비백산 거대한 산이 덮쳐오는 것 같아 정신없이 집근처 둑 위로 올라가 목숨만 구했다고 주민들은 넋을 잃었다. 농촌의 먹을거리가 물에 잠기고 삶의 터전을 잃은 가축들도 살길을 찾아 축사를 뛰쳐 나가 축산업을 하는 농부들은 넋을 잃었다.

대한민국 제 21대 대통령으로 당선된 이재명 후보가 전임 윤 대통령의 탄핵으로 인한 궐위에 의한 선거임으로 중앙선거 관리위원회에서 당선 의결 통보를 받는 즉시 임기를 개시함에 따라 정식 취임식 대신 약식으로 국회의사당 실내 로텐더홀에서 약식으로 취임식을 거행하였다. 이는 제 19대 문재인 대통령 취임식의 전례에 따른 약식 취임식이었다.

이런 약식 취임식의 아쉬움을 해소하고 국민이 민주적 권력으로 대통령에게 위임한 책무를 강조하기 위해 '취임식'이라는 명칭보다는 국민이 손수 대통령을 임명한다는 취지의 '임명식'이라는 명칭의 별도의 행사를 제헌절인 7월 17일로 낙점을 하였는데 바로 그날 최고의 물 폭탄 세례로 임명식은 유야무야 묻혀버렸다. 정권 초기에 그것도 '임명식'이라는 이름으로 멋진 취임식을 제헌절인 7월 17일로 잡았다가 괴물폭우로 어영부영 묻혀버린 사실에 어떤 의미를 부여하는 지식인들도 있다.

그날 수도권에는 최대 200mm의 물 폭탄이 예상된다는 기상청은 집중호우를 예상했으며 북서쪽에서 내려오는 찬 공기와 북태평양고기압 가장자리에서 불어오는 뜨겁고 촉촉한 남서풍이 서해상에서 충돌 큰 비 구름 대를 만들며 주말까지 비가 내리겠다고 예보했다. 윤석열 대통령이 대통령의 통수권으로 작년 12.3일 계엄령을 내렸는데 참으로 어설프게 했다가 '내란의 우두머리'라는 프레임을 쓰고 내란수괴죄로 구속됐다.

옛날에는 천둥번개가 치고 우박과 장대비가 쏟아지면 신이 노하신 것이란 생각을 하였다. 신이 노하면 인간에게 벌을 주려 천둥 번개를 동반하는 자연현상을 일으킨다고 여겼다. 실제적으로 10여 년 전 교황 베네딕토 16세가 사임 후 바티칸 대성당에 강한 번개가 내리쳤다고 하며 이것이 사임 몇 시간 만에 일어나 교황의 갑작스러운 사임에 신이 뭔가 계시를 내린 것이라고 생각하는 신도들의 이야기가 언론에 보도되기도 하였다. 이런 200년 만에 보는 대홍수에 깊게 생각나는 것은 성경의 노아의 홍수사건이다. 무엇보다도 성경(바이블) 창세기에 게재된 노아의 방주 사건인 대홍수 사건이다.

신께서 사람의 죄악이 관영(貫盈)함과 그 마음이 항상 악할 뿐임을 보시고 사람을 창조함을 한탄하사 마음에 근심하여 "나의 창조한 사람을 지면에서 쓸어버리고자 하였다" 단지 의인이고 당대에 완전한 자인 노아와 그 가족에게 은혜를 베풀고 방주를 건축하게 하였고 그만을 살려주신 사건이다.

방주를 짓고 노아와 그의 처, 세 아들과 며느리, 모든 들짐승과 모든 육축이 그 종류대로 모든 새 각양의 새가 그 종류대로 무릇 기식이 있는 육체가 암수 둘씩 노아에게 나아와 방주로 들어가서 물이 땅에 창일할 때 방주가 땅에서 떠올랐고 물이 높은 산까지 덮여서 땅위에 사는 모든 것이 다 죽었다는 큰 사건이 노아의 홍수 사건이다.

수백 년을 살아 온 집과 논밭이 하룻밤 사이에 물로 뒤 덥혀서 떠내려갔다면 이런 큰 변고는 인간이 살라고 주신 지구를 온전히 잘 관리하지 못하고 큰 죄악으로 세상을 어지럽힌 죄악의 결과가 아니고서는 설명이 안 된다. 어찌 이런 일이 벌어지겠는가. 정권도 국민도 전 국토를 휩쓴 이번 큰 홍수사건을 되돌아보고 깊은 성찰과 반성이 있어야 되겠다. 참으로 어려운 기후의 위기며 인간에게 던지는 메시지가 무엇인지 골똘히 생각해 봐야하는 하늘의 메시지다.

수필

종로 기독교 거리의 옛 추억

권영이

내가 몸을 담은 회사가 종로 옛 정신여고 교정 자리에 있는데 올 봄에 벚꽃을 비롯해 온갖 꽃으로 만화방창한 봄날의 감동을 쓰며 "누구의 명령인가" 라는 제목을 달았는데 정말 일제히 꽃망울을 터뜨리고 일제히 피었다가 일제히 떨어졌다. 정신여고는 70년대 강남개발과 함께 잠실로 이사를 갔고, 여고의 부지를 매입한 분이 학교 동창회에서 옛 모습 그대로 보존하기를 바랐고 학교를 설립한 분이 유언까지 남겨 후손들은 운동장은 주차장으로 쓰고, 학교 교실은 사무실로 개조하여 사용하도록 하였다. 사무실은 신관 2층에 있고 운동장에서는 2층이지만 뒷문을 열면 바로 꽃나무가 있는 정원이 나온다.

정원 의자에 앉아 커피를 한잔하면서 종로거리를 내려다 본다. 바로 옆에 높게 지은 SGI서울보증보험 빌딩과 한국기독교연합회관 등 빌딩으로 둘러싸였고 정신여고 자리만 도심에 숨통을 트여준 녹지대가 있다. 그 정원에 정신여고 설립자이며 독립운동가인 김 마리아 흉상이 있다. 바로 이 흉상에서 10여m 거리에 유명한 보호수 회화나무가 위용을 자랑하고 서있다. 이 회화나무는 당시 학교 교정에 심어져 있던 거목으로서 550년의 수령을 갖고 높이 22m, 둘레가 390cm나 되는 거목이다.

이 거목은 주위에 큰 은행나무와 같이 업무 중에 쉼을 갖는 샐러리맨들에게 그늘을 제공하고 있다. 또한 이 나무는 3.1운동 당시 김 마리아 선생이

영도한 대한애국부인회의 산실이었던 정신여고가 일본관헌의 수색을 당할 때 비밀문서와 태극기, 교과목으로 금지된 국사교재들이 바로 이 고목의 빈 구멍에 숨겨 위험한 고비를 넘기게 해 주었다.

지금은 빈 구멍을 시멘트로 막아놓았던데 당시 각종 비밀문서를 보존하여 역사적인 자료를 남기게 한 유서 깊은 보호수이다. 이 일대는 정신여고 터로서 옛 정신여고는 연동교회와 붙어있었으며 연동교회 부속학교인 연동여학교가 그 전신이다. 연동교회는 김마리아 선생을 비롯한 많은 독립 운동가를 배출하여 3.1만세운동에도 이 교회 성도들이 활동을 하였다.

당시 연동교회 설립에 기초를 마련한 프레드릭 밀러(Miller(한국명 閔老雅)선교사가 연동교회 일대를 '선교의 언덕'이라고 불렀다고 한다. 밀러 선교사는 미국 펜실베이니아 태생으로 피츠버그 대학과 뉴욕 유니언 신학교를 나와 목사가 되었고 20대에 부인 안나와 함께 1892년 11월 북장로교 소속 선교사로 미지의 조선에 들어와서 교육과 선교에 매진하였다.

그때 안창호 선생이 밀러선교사에게 성경을 공부하고 믿음을 갖게 되었다고 한다. 밀러 선교사의 '선교의 언덕'을 걸으며 그의 한국에서의 고난을 읽어 본 애절한 이야기가 머리를 스쳐간다. 두 아들과 아내를 잃은 사건이다. 첫째를 8개월 만에, 둘째를 출산하자마자 하늘로 보냈으며 아내도 1년 후 세상을 떠났으나 낙심하지 않고 찬송시를 많이 작시하고 오늘날 한국의 성경책에 5곡이 수록되어 있다.

그중에 유명한 "Who, you ask me, is my Jesus 예수님은 누구신가"라는 찬송곡이 있는데 이 곡을 작시한 것은 밀러선교사의 이런 불행을 보고 사람들이 "당신이 전하는 예수가 누구기에 이렇게 당신을 힘들게 하는 거요?" 하고 묻는 물음에 답하는 대신 아래와 같은 찬송가를 지어 불렀다고 합니다. (찬송가 96장)

수필

"예수님은 누구신가 우는 자의 위로와 없는 자의 풍성이며 천한자의 높음과 잡힌 자의 놓임 되고 우리기쁨 되시네" 성경 골로새서 1:24절을 인용하여 "내가 이제 너희를 위하여 받는 괴로움을 기뻐하고 그리스도의 남은 고난을 그의 몸 된 교회를 위하여 내 육체에 채우노라"

그는 한국에서 45년간을 (서울에서 9년, 청주에서 37년)헌신하고 자신보다 먼저 소천한 둘째 부인 도티(정신여학교 3대 교장)와 청주 일신여고 교정에 묻혔는데 일신여고 주변 선교사 거주건물이 문화재로 지정되어 보존되고 있다. 청주가 교육도시로 발전한데는 밀러선교사의 교육에 대한 열정이 꽃을 피운 것이란 생각이 든다.

종로5가에서 130년 전통의 연동교회 뒤로 걸으면 붉은 벽돌로 지은 한국교회 100주년 기념관이 선교사들의 사택 터에 지어져 기독교 관련 세미나와 웨딩홀로도 쓰여 지고, 점심에는 네오트로 식당을 열고 뷔페식을 제공하고 있다. 네오트로에서 점심을 하려다가 오늘은 한 바퀴를 돌아 연동교회 앞까지 왔다. 무엇을 먹을까 대각선으로 바라보니 '강원도 메밀 막국수' 간판이 눈에 들어온다. 올여름 같이 더운 날에 시원한 메밀막국수 제격이었다.

한 그릇을 맛있게 비우고 핸폰을 열고 카톡의 999개 (999개가 넘어도 항상 그렇게 표시가 됨) 감사한 글을 보는데 엄청 크게 나팔소리가 들렸다. 섹스폰 악기로 내가 늘 읊조리며 좋아하는 찬송가 (Thou my everlasting portion, 나의 영원하신 기업)곡이 분명하다.

종로5가 선교의 언덕을 둘러본 뒤에 들려오는 청아한 그 나팔소리는 내 가슴을 울렸으며 내 영혼을 깨웠다. 뭐라고 하면서 열어 놓은 문을 닫는 아주머니에게 듣기 좋은데 왜 창문을 닫느냐고, 누가 나팔을 부느냐고 물었다. 주인인 듯한 식당 아주머니는 말도 없이 저쪽을 가르켰다.

단정한 옷차림의 여자 두분이 파라솔 밑에서 한분은 섹소폰으로 또 한분은 트럼펫으로 정말 신나게 서너 곡을 들려주었다. 나는 나팔소리가 나는 곳으로 길을 건너가 박수를 쳐 주었다. 강원도 막국수집 바로 길 건너에는 파라솔이 두 개가 놓였는데 그 뒤편에 이렇게 간판을 걸어 놓았다. "무료급식 라면한끼 사단법인 한끼나눔" 그리고 전광판에는 "직접 끓여 드시고 설거지 까지···"라는 글자가 계속 돌아갔다. 밀러 선교사의 넋이 나팔의 선율을 따라 춤추고 있는 것 같았다.

권영이 | 시인·수필가·칼럼니스트·언론인
· 연세대학교 정법대 졸업, ROTC 육군포병장교
· 세계시문학회 이사, 새한경제 회장, 시사경제뉴스 고문

수필

국물은 뜨거워야 맛이 난다

김원규

　음식의 맛은 날씨와 상당히 관계가 있는 것 같다. 날이 춥거나 습도가 높은 날은 조리 음식의 온도가 높아야 맛이 살아난다. 반면, 무더운 여름에는 시원한 음식을 찾기 마련이다. 그러나 이열치열이란 말이 있듯이 한여름에도 뜨거운 국물 음식을 한 그릇 비우고 나면, 땀은 머리에서 얼굴 전체로 흘러내리지만, 차츰 시원한 느낌이 든다. 몸속이 더워지니 몸 안의 열기가 방출하면서 상대적으로 몸 안과 밖의 온도 차에 의해 더위를 잊게 하는 결과가 아닌가 싶다.

　얼마나 뜨거운 음식이 효과가 있을까. 적당히 따뜻한 국물 음식보다는 혀에 닿기만 해도 델 것 같은 뜨거움이 있는 국물 음식이 효과가 있는 것 같다. 입안에서 혀를 돌리지 않고 그냥 삼킨다면 식도를 타고 내려가며 식도가 뜨거움을 느낄 정도여야 진정한 뜨거운 국물이며, 이열치열의 효과가 있다.

　이열치열의 효과란 더운 여름날 뜨거운 삼계탕이나 보신탕을 먹는 행위가 '이열치열' 행위라고 한다. 뜨거운 국물에 담기고 잘 식지 않는 그릇에 담긴 보양식이 진정한 이열치열 행위를 수행할 것이라 여겨진다. 한의학계에서는 여름철에는 몸속의 열이 피부밑에 몰리게 되며, 상대적으로 몸속은 냉해지는데 이 냉함을 보충하기 위해 뜨거운 음식을 먹어야 한다는 것이다.

　정온동물은 추위를 타면 체온을 올리고, 더위를 타면 반대로 내린다. 다만, 인체 기능만으로는 외부 온도에 반응하는 한계가 있어서 외부의 온도에 대해 인체가 적응하지 못하는 일이 생긴다. 인체가 이를 적응하지 못하면 체온이 올라가 열사병에 걸릴 수 있다.

뜨거운 국물을 맛있게 먹는 방법은 먼저 조리 후 음식이 밥상에 올라오는 시간이 될 수 있는 대로 짧아야 한다. 시간이 지나면 음식은 식기 마련이다. 가급적 뜨거운 상태에서 첫술을 뜰 수 있어야 한다. 그래야 뜨거운 국물의 참맛을 느낄 수 있다.

그릇도 열을 오랫동안 담아낼 수 있어야 한다. 가능하면 열 함축률이 높은 뚝배기에 조리해서 먹는 것이 좋을 듯싶다. 달걀찜이나 간단한 볶음요리는 집에서도 뚝배기를 활용하면 좋다. 다만 찌개류나 국 등은 많은 양을 끓여야 하므로 뚝배기가 적당하지 않은 단점이 있다. 국민 간식이라는 라면 요리를 일인용 뚝배기에 끓인다면 오랫동안 뜨겁게 먹을 수 있을 것 같다.

진정 뜨거운 음식을 식지 않은 채 먹기를 원한다면 외식을 할 때도 1인분 요리를 시켜야 한다. 다 인분 국물 음식을 냄비에 담겨 나오고 개인 접시에 덜어 먹어야 한다. 펄펄 끓고 있는 음식도 한 단계 거치고 나면 음식의 온도가 식기 마련이기에 진정한 뜨거운 음식을 먹는 행위가 아니기에 될 수 있는 대로 피해야 한다. 부대찌개나 김치찌개 등 찌개류와 전골 음식은 가능한 오랫동안 끓여가면서 먹어야 제맛이 나며 뜨거운 국물 맛을 볼 수 있다.

한창 낮 기온이 절정을 향해 가고 있다. 낮 기온이 섭씨 37도를 넘어섰다. 한여름의 기온이지만, 음력으로 보면 윤유월이니 아직 본격적인 더위가 시작하지도 않은 셈이다. 양력으로 9월 말이 되어야 8월 말이니 이때쯤 더위가 물러날 것만 같다.

이렇게 더운 날, 입천장을 델만큼 뜨거운 국물을 후후 불어가면서 한 그릇 먹고 나면 더위도 잠시는 잊을 듯한 생각이 드는 한낮이다. 어떤 음식이

수필

이열치열에 적합할까, 전골류의 음식이 보글보글 끓어오르는 모습이 그려진다. 잘 씻은 곱창과 소양, 막창을 넣고, 양지머리 고기와 대파, 붉은 통고추를 숭숭 썰어 넣어 끓인 후, 먹기 직전에 뚝배기에 담아 1인분처럼 먹어야겠다.

집사람과 한 뚝배기에 숟가락이 오가며 오순도순 먹어야겠다. 뚝배기에서 직접 수저로 떠서 먹으면 식지 않은 국물을 먹을 수 있을 것 같다. 어제 한정식 점에서 뜨거운 돌솥밥에 식지 않은 찌개와 고기 몇 점이 한낮의 더위를 잊게 했지만, 입천장을 델 만큼의 국물은 맛보지 못했기에 아쉬움이 남는다.

한여름의 냇가에서 모처럼 즐겼던 어린 시절의 천엽이란 추억을 잘 잊지 못하는 이유의 하나가 그늘 한 점 없는 냇가의 더위 속에, 양은솥에서 펄펄 끓고 있는 국을 한 대접 먹고 나면 비록 땀은 비 오듯 흘리지만, 몸은 점점 시원해 짐을 느꼈기 때문일 것이다.

김원규 | 아호 동촌, 시인·수필가
· 서울시교육청 장학사, 교육연구관, 대천임해교육원 원장, 서울시과학전시관 교육연수부장 역임, 서울창림초등학교, 서울동의초등학교 교장 역임 · 구로구 청소년문화집 관장 역임, 실버넷뉴스, 채널A뉴스 기자, 사)한국적성찾기국민실천본부 공동대표, 한국문예작가회 지도위원
· 국무총리표창, 황조근정훈장, 한국문예 수필부문 신인상, 한국문예 수필문학대상

수필

상족암의 공룡

김 청

　호수 같은 바다, 잔잔한 파도가 일렁이며 춤추는 해안, 햇살 머금은 푸른 바다를 끼고 걸으니 고즈넉함에 취한다. 수만 년 전 이곳 바닷가에서 뛰놀며 자연의 왕족으로 군림했던 공룡들을 생각한다. 시공 여행으로 공룡들의 포효에 움찔하며 현재와 과거로 왔다 갔다 한다. 그들은 결국 발자국만 완연하게 남긴 채 떠나갔다. 자연의 생물들이 약육강식하지 말고 서로 공존하며 평화롭게 살아가라는 교훈을 남기고. 그 해안가에 그들이 밥상 차려 먹던 바위산도 남겨 놓았다.
　해안을 따라 상족암에 이르기까지 울퉁불퉁하고 깎아지른 기암절벽이 수만 권의 책을 안은 채로 줄을 섰다. 세월은 흘러갔어도 역사를 기록한 책을 차곡차곡 높게도 쌓아두었다. 꼼꼼하게 층층이 정렬도 잘 되어 있다.
　1억 년 전 공룡들이 생활했던 중생대 백악기로부터 수많은 세월 동안 퇴적과 침식을 거듭하면서 켜켜이 쌓아 올린 층 암 단애로 된 시루떡 모양의 암반층이다. 층 하나하나가 모두 세월의 흔적이다.
　세월이 이루어 낸 걸작이다. 공룡 발자국이 선명한 푸른 바닷가에서 많은 사람이 눈부시게 책을 펴고 옛날을 살피느라 기록물을 뒤지고 있는 장면이 선하다.
　해변을 메우고 있는 바닷가 바위 절벽은 당나라 이태백이 달을 보며 시를 지었다는 절경의 채석강을 연상케 한다. 이 고요한 호수 같은 바다에 그달

수필

이 비취면 아름다운 시상으로 떠오르리라.

상족암은 아래로 해식동굴이 숭숭 뚫려 있어 거대한 밥상 다리 같다. 바위가 밥상 다리 모양이다. 켜켜로 쌓아놓은 시루떡 같은 수성암 바위 절벽, 생김새가 밥상 다리 모양이라 상족이라 이름 붙였다. 상다리 두 개가 바다에 들어가 있는 모양이라서 쌍족암 또는 쌍발이라고도 불렀다.

그 상다리 안에는 하얀 파도가 너울거리며 조수에 밀려 들어왔다가 나가곤 한다. 바위 곳곳에는 오랜 세월의 파도에 부딪히고 긁히고 씻겨 생겨난 깊숙하고도 기묘한 굴이 뚫려 미로를 만들었다.

상족암의 해식동굴은 수많은 세월 동안 파도가 치면서 깎아 만든 자연이 빚어낸 조각품이다. 모두가 파도와 비와 바람과 자연이 인고의 세월을 거치면서 만든 예술품이다. 아득한 옛날에 천상의 선녀들이 이곳에 내려와 돌 베틀로 옥황상제에게 바칠 금 옷을 짜던 상족굴이 있다.

입구가 바다와 맞닿는 동굴의 내부에는 하늘에서 내려온 선녀들이 목욕했다는 선녀탕 웅덩이와 돌 베틀이 전설을 증명이라도 하듯 남아있다. 그 앞에는 수백 명이 한꺼번에 앉아 쉴 수 있는 넓은 암반과 평평한 갯바위와 너럭바위가 평상처럼 펼쳐져 있다.

이곳에서 공룡들이 뛰놀며 자유로운 세상을 살고 있었겠지. 그러기에 상족암 주변에 발자국을 흔적으로 남겨 그 화석이 선명하게 집단으로 남아있다.

호숫가 늪지대였던 이곳에 공룡들의 발자국이 찍히고 그 위로 퇴적물이 쌓이면서 암석으로 굳어졌던 지층이 바닷물의 조수 작용으로 퇴적층이 씻기자, 발자국이 드러난 것이다. 당시 발자국은 암반 위가 아니라 진흙 성분의 부드러운 지반에 찍혀졌을 것이다.

공룡 발자국은 30센티 내외의 크기로 일정한 간격과 형태를 띠고 있다.

수필

물론 작은 것도 큰 것도 있다. 오랫동안 파도에 씻기고 씻겼지만, 자국이 뚜렷하다. 다만 밀물 때는 바닷속으로 숨었다가 썰물 때 물결에 잠겼던 공룡의 역사를 보여준다.

수만 년 동안 퇴적과 침식을 거듭하며 쌓인 암반층 거대한 공룡의 발자국은 한반도가 거대한 호수 지역으로 공룡의 서식지였음을 의미한다.

해변의 넓은 암반과 기암절벽이 푸른 바다와 어우러져 아름다운 풍광을 이루고 있다.

공룡들의 발자국과 돌 책으로 층층이 쌓은 바위 절벽, 돌 베틀이 있는 상족굴과 선녀탕, 주상절리의 병풍바위와 촛대바위가 다도해와 쪽빛 바다에 어우러져 절경을 더한다.

인류가 출현하기 전 한반도의 주인이던 공룡들은 곱고 다정한 다도해 풍경을 보여주는 상족암 일대를 그들의 생활 터전으로 잡은 걸 보면 풍류를 즐길 줄 알았나 보다. 공룡에 얽힌 공상에 취하며 옛 시절 꿈을 좇던 기억을 불러 모은다.

우리는 어떤 발자국을 족적으로 남기고 가게 될 것인가. 서산대사는 눈 내린 들판을 갈 때 모름지기 함부로 가지 마라, 오늘 내 발자취가 오는 자의 이정표가 되리니. 자신이 걸어가고 있는 발자취에 의미를 부여했다.

잔잔한 앞바다에 햇살이 부서져 내린다.

쥐라기 공원에서 살아있는 모일 것을 압도할 공룡들이 깨어나 눈앞에 나타났다. 폭군 도마뱀이라는 티라노사우루스와 기가노토사우루스를 비롯하여 세그노사우루스, 이구아노돈, 카스모사우루스, 디 노사 우루스, 트리케라톱스들과 케찰코아틀루스까지 수만 년 전에 살았던 공룡들이 상족암 공원에서 푸르고 맑은 바다를 바라보며 옛 기억을 되살리고 있다.

자식들 어디 가고 그들의 선조 화석만 지층 겹겹이 그리움을 안고 박물관

수필

에서 겨우 살아가고 있을까. 애절한 울음소리가 메아리친다. 그들의 가족과 자식을 찾아 절망적 슬픈 울음소리를 내지른다. 상족암을 넘나드는 하얀 파도의 포효 속에 옛 공룡들이 엄마! 아가! 부르며 나타날 것만 같다.

  사라져도 남긴 공룡의 발자국/ 그 공룡 숨결 어디 있을까// 엄마 찾는 아기공룡 울음소리/ 애기 찾는 엄마 공룡 울부짖음/ 발자국 자국마다 그 부름 들리는데// 상족암에 주안상 차려놓고/ 세월 타고 오는 파도 소리/ 뚜벅뚜벅 발자국 바람을 흔든다// 바닷물 덮쳐간 발자국 지문/ 반짝이는 광년의 번창/ 역력한 햇살 가득하다// 언제쯤 돌아오려나/ 무심히 춤추는 저 바다 위/ 공룡의 숨결

김 청 | 공학박사 기술사
- 경남 고성 출생, 고성중, 통영고, 연세대 졸업
- 『한국문인』 수필(2011년), 시(2013)), 소설(2016년) 신인상, 김소월문학상(2021년) 수상
- 한국문인협회 · 국제PEN한국본부 · 한국소설가협회 · 새한국문학회원, 한국문예작가회 자문위원
- 수필집: 『공돌이의 푸른 산책길』, 시집: 『움트는 고목』 외

수필

국군의학연구소를 찾아서

임무영

　수서에서 SRT 진주행 13시 30분 차, 오늘은 모처럼 여행 겸 문학기행을 우리 문학회 임원들과 같이 가게 되었다. 날이 너무 더워 모두 들 그늘만을 찾는다. 지나가는 사람들도 커피집이나 분식점으로 들어간다. TV에서는 폭염 경보와 계속 주의보를 내리고 있다. 우리는 김밥집에서 간단히 김밥으로 점심을 대신했다. 오늘 가는 곳은 국군 의학연구소이다. 거기 소장님이 우리 문인회에서 등단하신 분이시다. 의학연구소장님이 우리 문인이라 그 분이 초대해서 가는 길이다. 13시 정각을 기다리고 있는 기차에 승차했다. 제일 마지막 칸이었지만 무슨 상관이 있겠는가? 앞에 타든 뒤에 타든 똑같은 시설인데 의자에 앉았다. 너무 편안하고 시원하여 우리 사무실보다도 더 좋은 느낌이 든다. 옆 사람과 조금 크게 이야기했더니 승무원이 나가서 말하라고 주의를 준다. 맞는 말이다. 그러나 오래 간 만에 만난 지인인데 아쉬운 마음을 갖고 입은 꽉 다물었다. 이것은 나 자신이 알아서 지켜야 할 일인데 주의를 받았으니 부끄러운 생각도 든다. 승객들은 대부분 눈을 지그시 감고 있다. 무슨 생각을 하고 있을까?
　오늘 아침에 부인, 또는 남편과 싸웠던 일을 생각하면서 반성하고 있을까? 저쪽 창가에 앉아있는 안경 낀 50대 되는 남자는 세상 고민을 다 가진 사람처럼 얼굴은 잔뜩 찌그리고 계속 한숨을 쉬고 있다. 앞에 있는 젊은 남자는 실연당했는지 세상을 원망하듯 자포자기 상태의 표정을 짓고 있다.

수필

　나는 앉아서 주변에 있는 사람들의 모습과 어떤 생각을 하고 있을까 상상을 하다 보니 어느덧 대전역에 도착했다. 도착해서 우리가 소장과 만나는 장소가 유성온천역이다. 그래서 대전역 출구로 나와서 지하철을 탔다. 한 40여 분 지나서 유성온천역에 도착 소장님을 만났다. 모두 반갑게 인사를 하였다. 첫인상이 너무 좋았다. 이번 여행이 잘 이루어질 것 같은 기분이다. 봉고차 비슷한 것을 가지고 와서 우리 6명은 모두 탑승을 한 후 출발하여 숙소로 가는 도중에 있는 수운교 도솔천을 관람하였다.

　수운교의 상징적인 건물로 1929년에 지어진 목조 건물로 대전광역시의 유형 문화재 제28호로 지정되었다. 수운교는 동학을 일으킨 수운 최재우를 교주로 하느님을 숭배하는 종교로서 이 건물은 경복궁을 중건한 최원식 목수가 맡아서 지었기 때문에 경복궁과 비슷한 형태를 지니고 있다.

　마침 비가 와서 오래 지체하지 못하고 차에 탑승 숙소로 갔다. 숙소에 짐을 풀고 의학연구소를 견학하기로 하고 찾아갔다. 정식명칭은 국군의무사령부 국군의학연구소이다. 설치 목적으로는 선진화된 첨단 군진의학연구개발을 군 장병 보건증진이라고 설명하고 있다. 설명하시는 소장님의 확신에 찬 설명은 감동적이다. 사명감에 찬 그리고 열심히 해보겠다는 그 의지와 소신 그리고 이미 어떻게 해야겠다는 그림이 다 그려진 상태로 말씀하신다. 기관장이라면 자신 일을 이렇게 설명하는 것이 타당하리라 본다. 나도 기관장을 많이 해보았지만 자기 업무를 정확히 파악하고 어떻게 해야 하겠다는 것을 확실히 알고 업무를 수행하는 것이 타당하리라 본다.

　설명을 듣고 나니 분명히 앞으로 큰 성과를 거둘 것으로 예측이 된다. 이곳은 보안이 요구되는 곳으로 자세하게 설명할 수가 없다. 간단히 이야기하면 우리 국군들의 보건 업무 건강하게 병영 생활할 수 있도록 해주는 일을 담당하는 곳이라고 보면 된다. 곳곳의 설명을 다 듣고 다시 숙소로 들어왔다.

　숙소는 소장님의 관사이다. 방이 네 개나 되어서 이 관사에서 자기로 하고 식사도 우리가 직접 해 먹기로 했다. 외부로 나가지 않고 이곳에서 우리끼리 준비해서 먹기로 했다. 정말 군인다운 생각이다. 미리 회를 준비해서 회뿐만 아니라 매운탕도 끓이고 아주 푸짐한 성찬이었다.

　맛있게 먹고 같이 둘러앉아 문인들이라 시 낭독 문학에 대한 좌담 등 재미나게 하룻밤을 지낸 것 같다. 아침밥을 먹고 오늘은 사계 고택을 가기로 하고 출발했다. 사계 고택에 도착 소개하는 글부터 읽어 봤다.

　사계 김장생은 조선 중기의 문신이자 학자고 호는 사계이며 본관은 광산이다. 사계 고택은 사계 김장생(1548-1631) 선생이 말년에 살았던 고택이다. 일찍이 율곡 이이와 구봉 송익필에게서 성리학을 수학하고 특히 조선 중기 이후 조선 최고의 예학자로 유명하며 사후에 영의정에 추증되고 문묘에 배향되었다. 그의 학문은 우암 송시열, 동춘당 송준길, 이유태 등의 제자로 계승되었다.

　다음은 돈암서원을 봤다. 시간이 없어서 깊이 있게 보지는 못했으나 돈암서원은 사계 김장생 선생의 학덕을 기리기 위해 건립된 서원으로 2019년 유네스코 세계문화유산에 등재되었다. 오늘은 사계 김장생 선생님의 고택과 돈암서원을 보면서 많은 것을 느꼈다.

　이렇게 훌륭한 선생님 삶의 흔적을 찾아보면 볼수록 더욱 존경하는 마음이 생긴다. 다시 말하면 한국을 대표하는 선비들의 스승이라고 말할 수 있다. 선생님은 벼슬보다는 학문과 교육에 헌신한 학자이자 교육자이시기도 하다. 한국 최초의 산림학자이며 예학으로 아들 신독재 김 집 선생님과 함께 나란히 동국 18현에 추앙되어 문묘(조선시대 조정에서 큰 선생님으로 모셔 매년 봄과 가을로 제사를 올리는 사당)에 모셔진 한국 최고의 예학자이

수필

시다. 한편 사계 김장생 선생님의 큰 뜻을 기리고자 돈 암만 인터넷 소설 운동을 전개하고 있다.

이 운동을 통하여 국민 예절 지킴이 운동을 전국적인 도덕 운동으로 삼고저 현재 추진하고 있다. 이번 국군 의학연구소를 방문하고 나는 여러 가지 느낀 점이 많다. 특히 의학연구소 소장님이 제대로 한 번 해보시겠다는 결의에 찬 말씀을 감명 깊게 들었다.

보통 사람들은 직책을 받으면 그냥 시간만 보내는 사람들이 많은데 여기 문 소장님은 책을 보고 연구하고 어떻게 해서라도 제대로 한번 잘해보겠다는 그 의지는 많은 사람에게 모범이 되는 기관장이 아닌가 싶다. 문 소장 같은 사람들이 이 나라에 많을수록 우리나라는 더욱 발전되리라 생각하면서 든든하게 생각이 든다.

기차 시간에 맞추어 문 소장이 대전역에 데려다주었다. 기차를 타고 서울 오면서 다시금 문 소장에게 감사하고 고맙게 생각되었다. 조금 가다 보니 그동안 피곤해서 그런지 모두 들 눈을 감고 잠이 들은 모양이다. 서울역에 도착해서 우리는 간단하게 김밥으로 저녁 먹고 파이팅하고 이번 여행을 마무리하였다.

김 청 | 아동문학가 · 시인 · 수필가
· 공주사범 졸업, 건국대학교 교육대학원 졸업
· 서울시 북부교육지원청 교육장 역임, 서울시 교육연수원 교육연구관, 사)한국적성찾기국민실천본부 이사장 역임, 사)한국몬테소리교육협회 이사장역임
· 한국문예 수필등단, 시와창작 시등단, 한국아동문학회 동시등단, 국보문학 시분과회장, 한국아동문학회 교육문화발전위원장, 한국문예작가회 고문, 국보문학서울국보문학 추진위원장, 한국문인협회원, 국보문학관장
· 서울특별시문화상, 시와창작수필문학상, 국보문학작가대상, 한아문오늘의작가상, 한국문예수필대상, 시와창작특별문학상, 한국예술문화 문학대상(아동문학부문), 한국문학백년상 외
· 저서 : 『나의 길을 다시 가련다』, 『내친구 길 고양이』, 『바람따라 훨훨 구름따라 훨훨』, 『학교는 어떻게 변해야 되겠는가』, 『비눗방울이 우주선 타고』 외

한국 윤리학을 통한 바람직한 인성교육과 실천 방안

덕명 최대락

　조화와 질서가 확립되고 윤리 의식이 뚜렷해야 자라나는 세대들의 인성에 크게 기여하기 때문에, 인성교육이 그리 어려운 것만은 아니다. 즉 사람의 성품이라고 할 수 있다. 해석하자면 성질과 인간의 됨됨이란 뜻이다.
　여기에 너그러움이 포함되면 이 이상 더 좋은 것이 없을 것이다. 그 사람의 태도, 사고(思考), 행동, 이 세 가지가 올바로 서야 우리가 살아가면서 사람으로서 도리를 지키는 교육을 어려서부터 배우고 실천할 수 있는 마음이 중요하고 또한, 정신 무장이 바로 서야 비로소 배려와 양보란 마음의 터를 잡게 되는 것이다.
　선조 1577년에 율곡(栗谷) 이이(李珥)가 해주(海州)에서 초학자들을 가르치기 위하여『격몽요결(擊蒙要訣)』이란 책을 지었다. 총 10편으로 만들어졌는데 그 한 문장을 소개하고자 한다.

　　生子 自稍有知識時 當導之而善이라 若幼而不敎하면 至於旣長이면 則習非放心
하여 敎之苦難이라 敎之之序는 當依小學이니라.

　자식을 낳으면 아는 것이 생겨나는 그때부터 마땅히 선(善)으로 인도해야 한다. 만약 어려서 가르치지 않고 이미 장성함에 이르면 그른 것을 익히고

수필

방심하게 되어 이를 가르치기 어려우니, 가르치는 그 차례는 마땅히 『소학』에 따라야 하느니라. 이렇게 선조들은 어렸을 적부터 인간 됨됨이, 즉 성품을 일상생활에 접목하고 철저하게 교육함으로써 자의든 타의든 간에 자신도 모르는 인간의 삶을 행위에 역점을 두었다. 그러면 참된 삶은 무엇이며 어떻게 살아가야 하는 것은 항상 인간중심에서 비롯된다고 해도 과언이 아니다. 인간을 인간답게 가르치는 것이 교육의 궁극적 목적일 텐데 인성교육을 중시하여 교육의 인간학적 제안이 필요한 것이다.

위의 선조들의 가르침에서 보는 바와 같이, 현재 우리가 살아가는 21세기는 한 사람 중심의 세계에서 우리란 중심에서부터 같이 생존하는 교육이 절실하다는 것을 알아야 한다. 즉 내가 아니고 너와 함께하는 의식을 심어 주어야 한다. 이 인성교육은 교육의 원초 적부터 시작하여 학교와 사회교육이 일치할 때 가능한 것이다.

우리나라는 근대화의 사조에 의해 산업사회로 지향함에 따라 물질문명과 과학기술 면에 치중하다 보니 국어와 도덕교육은 뒷전이고 영어┌수학이 마치 전부인 양 모든 사람이 과오를 범하고 있다. 가령 대기업이나 중소기업이나 공기업도 마찬가지지만, 토익┌토플이 꼭 필요한 분야에는 시험에 반영시키고 그 분야가 아니라면 굳이 제한할 필요가 없을 것이다. 물론 유학을 위해서는 토플이, 회사의 비즈니스에 꼭 필요한 부서는 토익이 해당되겠지만, 그 밖의 업종에서는 제외시킨다고 해도 무방할 것이다. 그러나 현재로서는 자격시험과 같이 반영한다는 것이 문제가 있다.

한 예를 들어 보자. 해외 수주를 담당하는 부서나 섭외를 담당하는 부서는 당연히 토익이 필요하겠지만, 그 밖의 부서에서 우리가 상식적으로 영어를 활용할 수 있을 정도면 되지 않을까. 이렇게 되니까 너도나도 유치원 혹은 유아원까지도 영어┌수학에 열을 올리다 보니 과거에도 그렇고 현재에 와서도 반복되는 것이다.

  옛날 부모도 영어⌐수학 과목을 유명 학원에 보내고 허리가 휠 정도로 정성을 들였지만, 대다수 사람은 뚜렷한 효과를 본 사람보다 그렇지 못한 사람이 더 많을 것이다. 이것은 필자의 사견임을 밝혀 둔다. 인성교육이나 충효 사상 같은 것은 현대 사회적 추이에 따라 부정적인 면이 그래서 더 많은 것도 사실이다. 아울러 현재의 인성교육은 현대의 가속화된 도시사회의 난점을 무릅쓰고 가정을 중심으로 저마다 인간다운 도리를 다하여 미풍양속을 되살려야 한다. 그리고 올바른 인생관과 바른생활의 원칙이 세워져야 가능하다. 날로 변모해 가는 국제 정서와 시대적 흐름은 우리의 주제가 무언인가를 똑바로 인식시켜 교육의 주체성을 확립하지 않으면 안 된다.

  즉 우리의 현실을 보면 우리 민족은 인의(仁義)를 존중하면서도 덕(德)에만 치중하지 않고 평소에 이어왔다고 해도 과언이 아니다. 즉 가정을 중심으로 한 효도 덕이 근본을 이루고 있으면 민족과 국가를 위한 도리를 절충하여 국권(國權)에 대처하는 충효 정신으로 우리나라의 정통성을 지켜온 활력에서 나왔다는 점이다. 또한, 효 교육은 자의(字意)나 피교육자에게만 효 사상을 운위(云謂)할 것이 아니라 가정에는 부모, 사회는 어른, 학교는 스승이 먼저 덕목을 갖추어야 제대로 선다. 즉, 교양을 저버리면 안 될 것이다. 우리는 즉시 새로운 사실에 도달할 때 공간, 시간, 사회, 노동, 풍토, 음식, 이동력 등은 우리에게 항상 가장 진지하게 교훈을 베풀고 있으며, 그 교훈이 의미하는 바는 무한하다. 즉 이해와 이성(理性)을 교육하고 애쓴 것도 사실이지만, 참 어렵다. 이해의 수양이 있어서 아주 조그만 결합이라도 개인의 전체적인 성격과 운에 영향을 미친다.

  예를 들자면 차이의 지각(知覺)에 있어서 그러하다. '공간'이 있고 '시간'이 있는 것은, 그러한 사물들이 되는 대로 쌓아서 더미를 이룬 것이 아니라

수필

분리되고 개별화된 사실을 사람이 알도록 하자는 것이다. 아울러 우리의 교육에 이바지하고 있는 자연의 여러 현상을 상세히 논하여 보는 것도 즐거운 연구가 될 것이다. 이 연구가 어디쯤에서 끝내는 것이 적당할까?

우리는 청년기와 성인이 된 후 삶에 있어서 몇 명의 친구들과 사귀게 되는데, 친구들은 하늘과 물처럼 우리의 이념과 같은 범위에 걸쳐 공존하고 있다. 친구는 어떤 감정적인 영혼에 각기 호응하면서 그러한 측면으로 우리의 바람을 만족시켜 주고 있다. 그리고 친구들은 우리로부터 멀리 떼놓고 바라볼 수 있는 능력이 없기에 우리는 친구들을 바로 잡거나 심지어 분석조차 할 수 있다.

그러니 우리는 친구들을 사랑할 수밖에 선택의 여지가 없다. 아울러 친구와 비슷한 잦은 만남으로 우리가 모범적인 장점을 갖추게 된다면, 우리는 우리의 이상을 높일 수 있도록 참된 인간을 보내 준 신의 안배에 대한 우리의 존경심을 더하게 될 것이다. 그러면 친구가 생각의 대상이 되어 주고, 그의 성격이 지니고 있는 모든 무의식적인 영향력을 계속 미치게 될 때, 그가 우리에게 미친 영향은 우리의 마음속에 견실하고 달콤한 지혜로 전환된다.

이는 친구로서의 할 일은 거의 끝냈으며, 그가 곧 우리의 시야에서 평범하게 사라지게 되리라는 것을 가르쳐 주는 전조현상이다. 아울러 요즘 시대에는 단체 카톡방이나 메시지에는 자기주장과 이상이 다르면 온갖 욕설이 난무하고 무시하는 경향이 홍수를 이루는 이때 좀 더 관대한 마음으로 포용하고 이해하는 배려가 부족한 것도 인성교육에서 오는 하나일지 모른다.

또한, 인간의 본성은 대체로 선성(善性)이라고 볼 때 효의 정신은 인간성의 발로이므로 고금에 구별이 없다. 인간의 선의지(善意志)를 개발하여 인간성 확립은 물론이며 효 정신을 발휘할 수 있도록 선도해야 한다. 우리의 인성교육은 대다수 국민이 알고 있는 것이 효만 잘 지키면 문제가 될 것이

수필

없다고 생각할 것이다. 그러나 효에 앞서 꼭 필요한 것은 배려다. 배려가 잘 이루어지면 자연적으로 효로 이어진다. 요즘 교사들의 잇따른 죽음이 안타까움을 더해 주고 있다. 학생과 교사 간의 커뮤니케이션이 잘 이루어지지 않고 서로 간의 단절된 이질감으로 인하여 감정을 억제하지 못하고 사제 간이 악화일로로 치닫는 경우가 많다.

이것을 어떻게 해결하느냐는 관계를 극복하고 서로 신뢰하는 정신이 바탕이 되어야 한다. 물론 시대적으로 변하는 과정이라고 볼 수는 있으나 가정과 학교에서 일어난 어떤 사건을 법으로 해결하는 것도 중요하지만, 교육적으로 대화로 만나서 해결할 수 있어야 교육이 바로 서고 서두에 다룬 것처럼 상대방을 이해하고 나 자신도 중심에 서 있다는 자세로 낮은 자세와 존중하는 행동 지침에 책임을 져야 한다. 그러지 않으면 또 다른 불상사를 낳고 인성을 중시하는 인간관계가 허물어지는 것은 시간문제다.

아울러 누구의 잘못을 논하기 전에 꼭 대화와 양보, 배려가 중요하다. 충(忠)ᆞ효(孝)ᆞ예(禮)의 한국 사상을 통한 건전한 국민정신이 필요하며 이를 범국민운동으로 전개하여 건전한 사회 기풍과 국가 사회에 기여하는 인성교육의 길을 가도록 하는 것이 교육의 이념과 논리관이 확고히 선다는 것이다. 그리고 이 점들을 실행 발전시키기 위해서는 우리가 모두 배려 깊은 사람이어야 된다는 것을 누차 지겹도록 강조한 것은 필자 개인 생각이니 널리 이해하여 주시기를 바라며, 판단은 독자 여러분의 몫이다.

최대락 l 소설가, 계간현대작가 소설등단, 월간한비문학 시, 수필 등단, 경희대학교 졸업
· 제12회 대한민국 문학예술대상, 김소월시맥 문학상 수상, 볼프강 본 괴테 작가상, 어니스트 헤밍웨이 베스트작가대상, 프랑스 파리 폴 발레리 작가 대상, 현대작가 소설상, 대한민국 시인 대전 순수시 대상 , 한비문학협회 중부회장, 코로나 극복 공모전 최우수 문학상 수상. · 경희대학교 경희문인회원, 한국문인협회 회원, 한국소설가협회회원, 관악문협회 부회장. 문학인 신문기자 동작문인협회원, 삼강문학 사무국장. 한국문예작가회 부회장
· 시집 :「주옥같은 시를 나 그대에게」「아름다운 동행」외 2집 에세이 집 「영혼의 눈시울」등 외 공저

수필

반려동물은
우리와 함께 살아가는 가족이다.

귀연(貴緣) 홍순철

2024년 말 기준 한국 반려 가구는 591만 가구로 전체 가구의 26.7%, 반려인은 1,546만 명을 기록 한국에서 개, 고양이, 금붕어, 거북이 등과 같은 반려동물을 기르는 '반려 가구'는 2024년 말 기준 591만 가구로 2023년 말(585만 가구) 대비 6만 가구(1.1%) 증가했다.

요즘 개는 사람과 함께 사는 동물로 동고동락(同苦同樂)할 정도로 가깝다는 의미로 반려견(伴侶犬)이라 부른다. 개는 사람들과 가장 친숙하고, 사랑을 많이 받는 동물이다. 주인에게 충성스럽기도 하다. 개를 얼마나 좋아하고 가까이했으면 '개'를 의인화하여 높여 견공(犬公)이라 부르기도 했겠는가.

사회적 요인(인구 구조의 고령화, 1인 가구의 증가, 스트레스 등)과 의식의 변화에 의해 반려동물 산업(伴侶動物産業, 반려동물의 건강, 먹이, 용품, 서비스 따위와 관련된 반려동물 관련 시장)이 발전하였고, 반려동물과 함께 살아가는 대부분 사람은 가족이라고 여긴다.

견공(犬公)은 '개'를 의인화하여 높여 이르는 말이다. 과거 마당에서 기르던 개가 이젠 반려견으로 엄마, 아빠라 부르는 호칭의 가족 구성원 시대가 됐다. 반려동물을 가족의 일원이자 하나의 인격체로 받아들인다.

반려동물이란 단어는 1983년 10월 27일과 28일 오스트리아 빈에서 오스트리아 과학아카데미, 인간-애완동물 관계에 관한 학제 간 연구 연구소(Osterreichische Akademie der Wissenschaften, Institute for Interdisciplinary Research on the Human-Pet Relationship)가 동물 행동학자로 노벨상 수상자인 콘래드 로렌츠(Konrad Lorenz)의 80세 탄생일을 기념하기 위하여 주최한 '사람과 애완동물의 관계(the human-pet relationship)'라는 국제 심포지엄에서 최초로 사용됐다.

사람이 동물로부터 다양한 도움을 받고 있음을 자각하고 동물을 함께 살아가는 반려 상대로 인식한 것이다「The Human-pet relationship : proceedings : international symposium on the occasion of the 80th birthday of Nobel prize winner Prof. DDr. Konrad Lorenz, held on October 27 and 28, 1983 in Vienna, Austria | WorldCat.org / 인간과 애완동물의 관계 : 1983년 10월 27일과 28일 오스트리아 비엔나에서 열린 노벨상 수상자 콘래드 로렌츠 교수의 80번째 생일을 기념한 국제 심포지엄 | WorldCat.org」.

한국의 동물보호의 날 「동물보호법」 제4조의 2(동물보호의 날) ① 동물의 생명 보호 및 복지 증진의 가치를 널리 알리고 사람과 동물이 조화롭게 공존하는 문화를 조성하기 위하여 매년 10월 4일(2025년 10월 4일 제1회 시행)을 동물보호의 날로 한다.

동물보호법 제1조(목적) 은 동물의 생명 보호, 안전 보장 및 복지 증진을 꾀하고 건전하고 책임 있는 사육 문화를 조성함으로써, 생명 존중의 국민 정서를 기르고 사람과 동물의 조화로운 공존에 이바지함을 규정하고 있다.

제2조 제7호에서 "반려동물"이란 반려(伴侶)의 목적으로 기르는 개, 고양이 등 농림축산식품부령「동물보호법 시행규칙 제3조(반려동물의 범위)」로 정하는 동물(개, 고양이, 토끼, 페럿, 기니피그 및 햄스터)을 말한다.

수필

    매년 10월 4일은 세계 동물의 날(World Animal Day)로, 동물들의 권리와 복지를 증진하고자 제정된 날이다. 매년 10월 4일에 기념되는 세계 동물의 날은 동물의 권리와 복지에 대한 인식을 높이기 위한 글로벌 행사이다. 이 날은 우리 삶에서 동물의 중요성을 강조하고 더 나은 동물 관리 표준을 장려한다.
    이날은 모든 동물에 대한 존중과 생명권을 강조하고, 인간과 동물이 공존할 수 있는 환경을 만들자는 것이 제정 목적이다. 10월 4일은 인간과 동물, 자연을 생각하며 인생을 보낸 가톨릭 성인인 Assisi(이탈리아의 작은 마을)의 성인 프란체스코의 기념일이기도 하며, 동물의 탄생을 축복하는 의식을 치르는 날이다.
    세계 수십 국에서 매년 세계 동물의 날을 기념하기 위해 국적 / 종교 / 정치적 이념과 상관없이 다양한 교육 / 의식, 동물 보호소 개방과 반려동물 입양 등 동물들의 복지를 향상하기 위한 여러 가지 행사가 열리고 있다.
    100년 전인 1925년, 독일의 작가이자 동물학자인 하인리히 짐머맨(Heinlich Zimmerman)이 1931년 5월 이탈리아 피렌체에서 열린 국제 동물보호 회의 대회에서 참가 단체는 짐머맨의 제안을 승인하고 공식적으로 10월 4일을 세계 동물의 날로 제정했다. 현재는 전 세계적으로 동물보호 운동과 관련된 다양한 행사를 통해 동물의 중요성과 보호의 필요성을 알리고 있는 날이다.
    짐머맨은 자신의 잡지 "인간과 개(Mensch und Hund)"를 통해 동물을 옹호하면서 잔인함을 비난하고 존중을 증진하며 동물에 대한 품위 있는 대우를 촉구했다. 그의 편집 활동과 활동으로 인해 그는 "개 애호가를 위한 백과사전(Lexikon der Hundefreunde)" "형제 동물(Bruder Tier, Brother Animal)" 그의 편집 활동과 활동으로 인해 그는 "개 애호가를 위한 백과사전(Lexikon der Hundefreunde)" "형제 동물(Bruder Tier, Brother Animal)"와 같은 책을 출판하여 동물 권리 교육과 인식에 대한 그의 깊은 헌신을 보여주었다. 또한 그는 행사를 공고히 하고 전 세계적으로 영향력을 확대하기 위해 독일에 세계 동물의 날 위원회를 설립했다.

2025년에 우리는 과학과 윤리가 확고하게 뒷받침하는 대의인 동물보호에 대한 확고한 헌신인 100년이라는 기념비적인 성과를 기념한다. 올해의 주제인 "동물을 구하고, 지구를 구하라"는 근본적인 진실은 동물을 보호하는 것이 지구의 균형을 보호하는 것과 본질적으로 연결되어 있다는 것을 강조한다.

의식에 관한 케임브리지 선언(2012)은 인간이 아닌 많은 동물이 느끼는 능력뿐만 아니라 자신과 주변 환경에 대한 인식도 가지고 있음을 확인했다. 보다 최근에는 동물 지각에 관한 뉴욕 선언(2024)이 동물이 감정, 고통, 고통을 경험한다는 사실을 인정하여 동물을 보호하기 위한 긴급한 조치를 요구하는 증거가 늘어나고 있다. 그들의 권리를 부정하는 것은 도덕적 실패일 뿐만 아니라 과학적 현실에 대한 거부이기도 합니다. 모든 종은 중요하며 오늘날 우리가 취하는 모든 행동은 모든 생명체의 미래를 정의한다.

2025년에 우리는 과학과 윤리가 확고하게 뒷받침하는 대의인 동물보호에 대한 확고한 헌신인 100년이라는 기념비적인 성과를 기념한다. 올해의 주제인 "동물을 구하고, 지구를 구하라"는 근본적인 진실은 동물을 보호하는 것이 지구의 균형을 보호하는 것과 본질적으로 연결되어 있다는 것을 강조한다.

의식에 관한 케임브리지 선언(2012)은 인간이 아닌 많은 동물이 느끼는 능력뿐만 아니라 자신과 주변 환경에 대한 인식도 가지고 있음을 확인했다. 보다 최근에는 동물 지각에 관한 뉴욕 선언(2024)이 동물이 감정, 고통, 고통을 경험한다는 사실을 인정하여 동물을 보호하기 위한 긴급한 조치를 요구하는 증거가 늘어나고 있다. 그들의 권리를 부정하는 것은 도덕적 실패일 뿐만 아니라 과학적 현실에 대한 거부이기도 합니다. 모든 종은 중요하며 오늘날 우리가 취하는 모든 행동은 모든 생명체의 미래를 정의한다.

3월 23일은 국제 강아지의 날이다. 이날은 반려견의 생명을 존중하고 유기견 입양을 권장하는 취지로 2006년 미국 반려동물 학자 콜린 페이지(Collen Paige)가 제안해 만들어진 날이다.

예부터 전해 내려오는 옛날이야기에는 의견비(義犬碑) 설화가 등장하기도 한다. 전쟁견 기념관이 있고 '딩 펫 사족'(DINK pet 族, 반려동물을 기르며 사는 맞벌이 부부), '펫팸족'(pet fam 族, 반려동물을 가족처럼 생각하며 아끼고 사랑하는 사람. 또는 그런 무리), '펫미족'(반려동물을 자신처럼 아끼는 사람), '혼펫족'(반려동물을 키우는 1인 가구) 등 다양한 신조어가 생겼다.

또 반려동물(펫) 동반 입장 매장(숙박시설, 샵, 스파, 레스토랑, 옷 매장, 유치원, 놀이공원, 카페, 식당, 수영장) 등 공공장소에서 반려견과 함께하는 사람들의 모습을 쉽게 볼 수 있다. 유튜브와 틱톡, 인스타그램 등 온라인 플랫폼이나 사회관계망서비스(SNS)에 공유되는 콘텐츠 등을 통해 스타가 되는 반려동물들도 적지 않다.

반려견 개모차(강아지 전용 유모차), 전라북도 임실군 오수면 춘향로 1554-95「오수 펫 추모 공원 – 광주/전주 반려동물 장례식장」까지 '펫 프렌들리(반려동물 친화적 문화)' '인생의 동반자' 정책을 도입하는 모습이다.

사람에게 도움을 주거나 은혜를 갚은 개에 관한 의견 설화가 있다. 가장 오래된 기록은 고려시대 최자의 〈보한집〉(1254)에 수록되어 있다.

우리나라 대표적인 의견 설화(義犬說話)는 전북특별자치도 임실군 오수면 오수3길 7, 오소리 구 시장 옆의 원동산(園東山)공원의 의견비각(義犬碑閣) 안에 세운 전북특별자치도 민속문화재 1호(1971. 12. 01. 지정)인 의견비(義犬碑)이다.

사람에게 도움을 주거나 은혜를 갚은 개에 관한 들불을 꺼 주인을 구한다는 '진화구주형(鎭火救主型)' 설화로 설화 속의 개는 지·인·용을 구비하여 사람보다도 낫다. 우리나라의 의견 설화는 개가 인간적인 인격의 차원에 도달한 내용을 담고 있다. 의견 설화는 순박하고 정이 많은 평범한 한국적 인간상을, 개를 통해 상징적으로 보여준다. 오수(獒樹)라는 지방 이름은 "은혜 갚은 개"라는 뜻으로, 이곳 전설과 관련이 있다.

전북특별자치도 임실 외에도 한국학중앙연구원에서 간행한 전국 구비문학 자료 조사 보고서인 한국구비문학대계(韓國口碑文學大系)에 따르면, 의견 설화 진화구주형 의견비(義犬碑)로는 경상남도 산청군 신안면 장죽리 – 술에 취한 주인을 구한 개, 경상남도 함안군 칠서면 – 술에 취한 주인을 살린 의로운 개, 전라북도 부안군 부안읍 설화–주인을 불에서 살리고 죽은 개, 전라북도 김제시 김제읍 순동리의 의견비 –주인을 살리고 죽은 의견, 경기도 포천시 소흘읍 –주인을 살린 개, 경남 신생마을 입구 밀양의견 고개의 밀양 의견(義犬)상–주인을 위해 죽은 개, 충북 음성군 생극면 방축리 능안(安)마을– 충견총(忠犬塚), 충남 홍성군 홍성읍 역치리 역제 방죽 –주인을 살리고 죽은 의견 등이 있다.

충견(忠犬) 하치코(Hachiko) 동상은 일본 수도에서 잘 알려진 랜드 마크이다. 도쿄 대학 농학부 교수 우에노 히데사부의 반려견인 하치코의 이야기는 인간에 대한 개의 우정, 충성심, 헌신에 관한 사랑의 유명한 이야기이다.

하치코는 매일 아침 교수가 출근할 때 그와 함께 시부야역에 갔다가 오후에 돌아와 집으로 돌아오는 그와 인사를 나눴다. 교수가 1925년 사망한 후

수필

  1935년까지 약 10년 동안, 죽을 때까지 하치코는 교수를 다시 만날 수 있다는 희망을 품고 매일 역으로 갔다.
  1932년 그의 기사 중 하나가 전국 일간지 아사히신문에 실렸고 하치코의 이야기는 일본 전역에 퍼졌다. 개는 전국적으로 변함없는 충성의 상징이 되었으며, 그의 추모 동상은 하치코가 태어난 오다테시의 오다테역과 살았던 도쿄도 시부야구의 시부야역 하치코 출구에 세워져 하치코를 기리는 동상은 인기 있는 만남의 장소로 기념되었고, 오랫동안 잃어버린 동료들 사이의 재회를 묘사한 또 다른 기념비가 2015년 도쿄 대학교에서 공개되었다.
  일본 북동부에서 아키타견이 태어난 지 100년이 지난 후, 그의 유산은 오늘날까지 이어져 수많은 팬 사이에서 계속 성장하고 있다. 주인이 죽은 뒤 수년 동안 매일 도쿄 시부야역에서 주인의 귀환을 기다리던 충견 하치코가 2023년 11월 100살이 됐다. 일본에는 세계에서 가장 유명한 아키타견인 하치코를 기리는 아키타현 오다테의 한적한 도시에 아키타개 박물관(Akita Dog Museum), 하치코 박제는 도쿄 다이토구 국립과학박물관 일본갤러리 2층 북관에 전시되어 있다.
  끝없는 사랑과 헌신의 하치코 이야기는 코야마 세이지로 감독의 1987년 「Hachiko Monogatari(하치코 이야기)와 2009년 리처드 기어 주연 할리우드 영화 하치 : 개 이야기(Hachi : A Dog's Tale)의 배경이 되는 역 밖의 랜드마크 동상으로 불멸의 존재가 되었다. 「Loyal Hachiko continues to win hearts 100 years after birth | The Asahi Shimbun : Breaking News, Japan News and Analysis 2023년 4월 4일, Hachiko fondly remembered 100 years after birth of canine | The Asahi Shimbun : Breaking News, Japan News and Analysis 2023년 9월 9일, Rare photo shows loyal dog Hachiko in his last years | The Asahi Shimbun : Breaking News, Japan News and

Analysis 2024.3.27.」

역사를 통틀어 동물들은 최전선과 무대 뒤에서 군용 작업견(MWD, military working dogs) 등 다양한 방법으로 군대에서 복무했다「미국국방부 Four-Legged Fighters」.

전쟁 개 : 스터비 상사(War Dog: Sergeant Stubby)는 개가 세계 대전에서 17번의 전투에 참여하여 미국 군대에서 상사의 계급을 부여받은 최초의 개로 올라 국가 아이콘이 된 이야기이다.

1917년 예일 대학교의 들판에서 전투 훈련을 받던 J. 로버트 콘로이 일병은 꼬리가 짧은 얼룩무늬 강아지와 친구가 되었다. 그와 다른 병사들은 떠돌이 개를 "스터비(Stubby)"라고 불렀다.

그는 백악관을 두 차례 방문했고 하딩 대통령과 쿨리지 대통령을 만났다. 1921년 전쟁 중 미군 최고 사령관이었던 블랙잭 퍼싱(Blackjack Pershing) 장군은 현재 동물 애호 협회(Humane Society)의 전신인 동물 애호 교육 협회(Humane Education Society)가 의뢰한 황금 영웅견 메달 등 그의 영웅적 행동으로 많은 메달을 받았다.

Stubby가 1926년 3월 16일 워싱턴 DC에서 사망한 후, 국립 미국사 박물관(National Museum of American History, Kenneth E. Behring Center, 현재 스미스소니언 성 옆 예술 산업 빌딩)에 그가 용감하게 얻은 메달로 장식된 담요를 덮은 스터비 상사의 개 박제 조각품이 전시되어 있다.

역사적인 박제 조각품은 스미스소니언 아메리칸 아트 뮤지엄(Smithsonian American Art Museum)의 미술품 목록 목록에 있으며 다음과 같이 설명되어 있다. 개는 머리와 귀를 위로 들고 꼬리를 거의 곧게 펴고 경계 자세를 취한다. 수통과 헬멧은 개의 앞발 아래에 있다. 헬멧에 움푹 들어간 부분이 있는데, 아마도 파편 구멍을 나타내는 것일 수 있다."

수필

　Stubby는 미국에서 가장 훈장을 많이 받은 우정, 충성심, 그리고 승리의 군견, 즉, 제1차 세계대전에서 새로운 주인과 합류한 떠돌이 개의 실화. 그의 용감한 행동으로 Sgt. Stubby는 여전히 미국 역사상 가장 훈장을 받은 개로 인정받고 있다. 컴퓨터 애니메이션 장편 영화인 "상사 스터비: 미국의 영웅(Sgt. Stubby : An American Hero)"는 개의 용기와 우정에 대한 이야기로 2018년 4월에 출시되었다. 「컬렉션 검색 | 국립 미국 역사박물관, Stubby | Smithsonian Institution, Stubby: Dog, Hoya mascot, and war hero | National Museum of American History, Dogs for defense: how Skip, Spot, and Rover went off to fight World War II | National Museum of American History」

　뉴욕시에서 멀지 않은 곳에는 세계에서 가장 오래된 하츠데일 반려동물 묘지(미국 최초의 애완동물 매장지 - 189년 역사)「Hartsdale Pet Cemetery - 반려동물 묘지」로 뉴욕주 유적지 등록부 및 역사적 기업 등록부에 등재, 가장 감동적인 장소 중 하나인 군견을 기리는 최초의 국립 전쟁견 기념관(War Dog Memorial)이 있다.

　대통령 반려견 박물관 소개, 과거와 현재의 미국 대통령과 많은 반려견에 대해서는 1999년 클레어 맥클린(Claire McClean)이 대통령 반려동물과 관련된 정보, 유물, 물품 등을 보존을 위해 설립한 「프레지덴셜 펫 박물관(Presidential Pet Museum) 대통령 애완동물 박물관 - 대통령 애완동물」과 조지 워싱턴에서 현재에 이르기까지 「백악관 애완동물 (1953년부터 현재까지) - 대통령 애완동물 박물관」에서 알 수 있다.

　18년 후, McClean 씨는 역사와 동물에 대한 열정이 박물관 성장에 대한 그녀의 비전과 완벽하게 일치하는 빌 헬먼(Bill Helman)에게 바통을 넘겨주었다. 대통령 애완동물 박물관은 현재 개조 공사를 위해 문을 닫았다. 현재

박물관은 언론 및 기타 이해 관계자를 위해 예약제로 개방되어 있다.

미국 대통령의 반려동물은 언론 등에서도 깊게 이야기한다. 그 이야기「언론 보도 - 대통령 애완동물 박물관」에서 알 수 있다. 미 대통령의 반려견 챔프(Champ)가 사망하자 미 백악관은 2021.6.20.「사랑하는 독일셰퍼드 챔프의 사망에 관한 대통령과 영부인의 성명서 백악관」을 발표했다.

조 바이든 미국 대통령과 영부인 질 바이든은 13년 동안 함께했던 '사랑하는' 저먼 셰퍼드 챔프의 사망을 발표했다. 챔프를 13년 동안 "변함없이 소중한 동반자"라고 불렀다.

바이든 부부는 성명을 통해 "가장 기뻤던 순간이든, 가장 슬펐던 날이든, 그는 우리 곁에 있어 주었고, 우리가 말하지 않은 모든 감정에 세심하게 귀 기울여 주었다. 우리는 사랑스럽고 착한 아들을 사랑하며, 영원히 그를 그리워할 것이다."라고 밝혔다「Joe and Jill Biden announce death of 'beloved' dog Champ」.

대통령 반려동물 박물관의 역사학자 앤드류 헤이거(Andrew Hager)는 2022년 8월 9일 발간한 올 아메리칸 독: 모든 시대의 대통령 반려동물(All-American Dogs: A History of Presidential Pets from Every Era)에서 대통령의 가장 친한 친구였던 개들을 애틋하고 매혹적이며 종종 놀라운 모습으로 바라보며 잊을 수 없는 사진을 찍었다.

조지 워싱턴 시대로 거슬러 올라가면, 개들은 거의 모든 미국 대통령의 변함없는 동반자였다. 지난 46명의 대통령 중 31명이 1600 펜실베이니아 애비뉴(Pennsylvania Ave)에서 최소 한 마리의 개를 키웠다. 역사적 시대별로 정리된 올 아메리칸 독스(All-American Dogs)는 독자들에게 백악관의 네 발 달린 친구들의 매혹적인 역사, 주인에게 미친 영향, 그리고 궁극적으로 미국 역사를 안내한다.

수필

  대통령 반려동물 박물관의 역사학자인 앤드류 해거는 미국 최초의 개들의 역사를 추적하기 위해 국립문서보관소의 원본 연구와 희귀 사진이 포함했다. 남북전쟁 시대의 개, 냉전 시대 개에 이르기까지 해거는 인간이 가장 친한 친구로 여겼던 방식의 차이점과 유사점을 보여준다.

  우리는 각 역사적 시대의 역대 대통령 반려견뿐만 아니라 반려동물로서 반려견의 문화적 역사, 지난 2세기 동안 미국인과 반려견의 관계가 어떻게 발전해 왔는지도 배우게 될 것이다.

홍순철 | 전(前) 서울 신현고등학교 교장, 세계도덕재무장(MRA/IC) 서울지역본부 총회장, 학교법인 송곡학원 이사장, 월간「교육포럼」발행인
· 현(現) 서울 중랑 교육발전협의회 회장, 좋은교육협의회 회장, 시인 · 수필가 · 칼럼니스트, 2024년 한국문예문학대상 수상, 한국문예작가회 지도위원(시인 · 수필가), 한국문예연수원 교수

소설
小說

신강우

소설

나트랑 현대중공업

신강우

　내가 타고 있는 배는 선주가 일본인이고, 일본 큰 해운회사에 장기용선이 되어 있다. 일본은 해운업을 발전시키기 위하여 돈이 없는 사람이 배를 만들고 싶어 하면 국가에서 배를 만드는 사람에게 모든 비용을 지급하고 5년 후에 5년간 배의 건조 비용을 내게 되어 있다.
　그러니까 빈손으로도 배를 만들 수 있다. 내가 타고 있는 배의 선주는 이미 10척의 배를 그러한 방법으로 만들어 운행하고 있었다. 배를 만들기 전에 5년 장기용선을 주어 운행하고 있었다. 배를 사고 없이 3년간 잘 운행하면 원금을 다 뺀다고 했다. 그리고 일본은 화물보험금이 배가 5년을 넘기면 많이 오른다고 했다. 그래서 일본 선주들은 3년이 지나면 배를 팔려고 시장에 내놓았다. 이미 그 선주는 3년 장기용선을 주어 뱃값을 빼먹어 아무 손해가 없었다.
　내가 타고 있는 배는 5년이 넘어가고 있었다. 배가 일본 항구에 입항하면 배를 사려는 사람들이 배로 올라와 배의 곳곳을 살펴보고 내려갔다. 우리 배는 3년이 넘자, 선주가 배를 팔려고 시장에 내놓았는데 아직 안 팔렸다고 했다. 그러니까 선원들이 배를, 정성을 들여 정비하지 않았다. 말하자면 녹슨 철판을 적당히 놋을 벗기고 그 위에 다시 페인트를 발랐다. 그러니까 모든 게 약식이었다. 언제 팔릴지 모를 배를 잘 정비할 필요가 없었다. 나는 그 배의 1항사였다. 선원들이 그러한 것을 알면서도 눈을 감을 수밖에 없었다. 내가 그 배를 타고 6개월 후에 그 배가 부산에서 화물을 싣게 되었다. 한 항차 한국 해운회사에 용선이 되었다고 했다. 우리 배는 대만에서 화물을 다 하역하고 공선으로 부산으로 가고 있었다. 부산은 그 당시 해운대 안쪽에 화물선들이 접안하는 부두가 있었고, 자갈치시장으로 통하는 부두에 조그만 어선들이 접안하여 물고기를 하역하고 있었다. 그리고 다음은 감천이었다. 전에 감천은 원목을 하역하였다. 많은 원목이 바다에 더 있었다. 나는 우리 배가 부산 화물선 부두에 접안할 거로 생각하고 오륙도로 항로를 잡았다. 부산에 배가 거의 가까이 도착하였는데도 부산 무선이 잡히지 않았다. 배가 오륙도 근방에 거의 도착하니 그때야 부산 무선에서 배를 감천 도선사 승선지점에서 대기하라고 했다.

해도에서 디바이더로 재어보니 감천 도선사 승선지점까지 길이가 10킬로미터였다. 나는 전속으로 하여 감천 도선사 승선지점으로 갔다. 배가 감천 도선사 승선지점으로 가니 이미 도선사가 우리 배를 기다리고 있었다. 내가 부산에서 공부할 때 감천은 조그만 만에 있는 텅 빈 바다였다.

특이한 것은 큰 화력발전소가 있어 화력발전소에서 많은 연기를 뿜어내고 있었다. 이것은 20년 전의 일이었다. 배가 감천 부두로 가는데 감천이 많이 발전하여 왼쪽에는 한진 컨테이너부두가 있고 오른쪽에는 가운데에 어선 부두가 있었다. 그리고 어선 부두 앞뒤로 하 물선 부두가 있었다. 그리고 꺼먼 연기를 뿜어내던 굴뚝들이 안 보였다. 왼쪽 부두엔 중형의 컨테이너선들 3척 접안할 수 있었다. 그 유명한 동명목재가 도산하여 부산에는 목재가 필요하지 않은 것 같았다. 감천에 있는 화력발전소는 이제 석탄을 안 쓰고 액화가스를 쓰고 있어서 굴뚝도 깨끗하고 연기가 나지 않았다. 어선 부두에는 5개의 커다란 냉동창고가 있었다. 러시아에서 잡은 물고기 보관하고 있다고 했다. 그리고 어선 부부에는 러시아 글을 쓴 조그만 어선들이 수리하고 있었다. 부산어선 부두에 접안한 비용이 적어 어떤 러시아 어선들은 일부러 추운 겨울 내내 천천히 수리를 하고 봄이 오면 출항한다고 했다. 그러니까 부산은 러시아 어선들이 추운 겨울에 쉬는 곳과 같았다. 배가 부두에 접안하니 많은 큰 나무 상자들이 부두에 쌓였다. 나트랑 현대중공업에 수리하는 배들의 부속품인 것 같았다.

나는 상륙하려고 부두 정문으로 가서 부두 경비원으로부터 택시회사 전화번호를 받아 전화박스에서 전화했다. 전화를 받는데 택시가 오지 않았다. 그래서 부두 정문 가까이 서서 지나는 택시를 기다렸다. 택시를 불러놓고 기다리지 않고 그냥 가버리니 택시들이 오지 않은 것 같았다.

오래 기다리니 지나는 택시가 있어 그 택시를 타고 부산으로 갔다. 나는 먼저 용두산 공원으로 갔다. 내가 부산에서 공부했을 때 나는 일요일마다 용두산 공원에서 시간을 보냈다. 용두산 공원에는 비둘기가 많이 살고 있었다. 그래서 나는 비둘기 먹이를 사서 용두산 공원에 사는 비둘기들에게 먹이를 주었다. 많은 노인이 점심으로 가지고 온 빵이나 과자를 비둘기들에게 주었다. 그러니 비둘기들이 노인들이 의자에 앉아 있으면 기웃거렸다. 먹이를 달라는 신호였다. 그러면 빈손인 노인들이 내려가 빵이나 과자를 사서 자기고 와 비둘기에게 주었다. 나는 비둘기들에게 먹이를 주고 용두산 공원 가운데에 세워져 있는 부산탑에 올랐다. 부산탑은 그리 높지 않았다. 바다가 훤히 보였다.

부산탑을 내려와 나는 자갈치어시장에서 아나고 회와 꼼장어를 먹었다. 나는 부산에서 공부했을 때 값이 싼 아나고 회와 꼼장어를 자주 사 먹었다. 나에게는 돈이 없으니, 값이 싼 것을 먹을 수밖에 없었다.

나는 이미 선장이 되어 있었다. 그래서 살롱 보이와 같이 상륙했다. 짐이 있으면 살롱 보이에게 주고 가지고 오라고 했다. 나는 자갈치어시장에서 회를 사서 먹고 배로 돌아왔다. 배로 오니 시간이 오후 6시였다. 나는 조타실로 올라가 베트남 나트랑이 어디 있는지 해도로 살펴봤다.

배트남 나트랑이 해도에 표시되어 있지 않았다가 그래서 나트랑 대리점에 물어보았다. 대리점이 알려준 나트랑은 베트남 동부 해안에 있었다. 아무 표시가 없는 해안에 있었다. 베트남은 칠레처럼 동부 해안이 길었다. 배는 커다란 나무상자가 무거워 배의 크인으로는 끌어 배로 올릴 수가 없었다. 그러니 울산 현대중공업에서 커다란 크레인을 가져와 그 무거운 나무상자를 실었다. 시간이 자꾸 지연되었다.

부산에서 5일 동안 화물을 다 싣고 배는 부산을 출항했다. 부산에서 베트남 나트랑까지 항해 시간이 5일 걸렸다. 베트남 너트랑은 너무나 작은 항구였다. 현대중공업은 나트랑 해안을 매립하여 만든 공장이었다. 그러니 해도에 아직 표시가 되어 있지 않았다. 대리점에서 나트랑 위치를 알려주었다. 배는 대리점이 알려준 나트랑으로 갔다. 배가 나트랑에 도착하니 도선사가 방파제 안까지 배를 몰고 오라고 했다.

그 방파제는 수리를 기다리는 배들이 대기하는 곳이었다. 3척의 배들이 대기하고 있었다. 우리 배는 그 방파제 부두에 접안하여 하역을 기다리고 있었다. 배는 12시에 방파제 부두에 접안하였는데, 하역 작업을 하지 않았다. 오후 2시에 하역 작업을 시작했다. 그리고 오후 5시에 하역 작업을 중단했다. 나트랑 현대중공업에는 독크가 3개가 있었다.

하역 반장이 한국 사람도 1천 명이 일하고 있다고 했다. 전에는 이곳이 수리조선 소였는데 이번에 처음으로 배를 신조한다고 했다. 나트랑이 베트남 도시들과 너무나 많이 떨어져 있었다. 그러니 나트랑 현대중공업에서 모든 부속품을 한국에서 가져와 배들을 수리했다. 그러니 돈이 될 리 없었다. 그러니 이번에 처음으로 배를 신조한 것 같았다. 독크에 있는 2배가 신조하는

소설

배들이었고, 하나는 수리하는 배였다. 나트랑 현대중공업이 수리하는 것에서 벗어나 배를 신조하는 조선소로 바꾼 것이라고 했다.

지금 나트랑 현대중공업에서 일하는 베트남 사람들이 1만 2천 명이라고 했다. 한국 사람 1천 명을 합하면 전체 1만 3천 명이었다. 인부들은 아침 8시에 작업을 시작하고 오후 5시에 하루 작업을 끝냈다. 오후 4시 30분의 제일 먼저 고급 택시가 와서 고급 인부를 싣고 가면 다음에는 자전거가 왔다. 자전거를 타고 가면 마지막에 몇십 대의 버스가 와 인부들을 싣고 갔다. 나트랑 현대중공업은 오래전에 만들어져 안전을 최우선으로 했다. 현대중공업이 나트랑에 처음 만들어졌을 때 베트남은 몹시 가난했고 안전사고가 많았다. 그래서 현대중공업은 안전사고를 방지하기 위하여 철저하게 그렇게 하지 않았나 생각했다. 나는 처음 밤에 베트남에서 이발하려고 했다. 물어보니 이발소가 멀리 있었다.

나는 안전하게 대리점 직원을 데리고 갔다. 부두 정문을 나서니, 부두 정문 주위에 여러 개의 상점이 있었다. 대부분 음식점이었다. 편의점도 있었다. 내가 대리점 직원에게 저녁을 사주려고 했는데 대리점 직원이 배로 돌아가 배에서 저녁을 먹고 싶다고 했다. 나는 이발을 하려고 택시를 기다렸다. 내 주위에는 몇 대의 오토바이가 기다리고 있었다. 택시가 가끔 왔다. 내가 택시를 부르려고 하면 오토바이 운전사들이 소릴 치니 택시들이 바쁘게 도망쳤다. 이러니 택시를 부를 수가 없었다. 그래서 부두 정문 주위에서 몇 시간 기다리다 배로 돌아왔다. 나는 가능하면 외국이발소에서 이발했다. 몇 년 전 배가 필리핀 수빅 항 한진중공업 부두에 접안하여 화물을 하역할 때 상륙하여 수빅 항 가까이 있는 조그만 도시로 가서 그곳의 이발소에서 이발하였다. 그 조그만 도시는 수빅에 있는 한진중공업에 식료품을 조달하고 있었다.

소설

그 도시의 위치는 마닐라와 수빅 항의 중간에 있었다. 수빅 한진중공업에서 일하는 필리핀 사람이 2만 명이 넘는다고 했다. 바다를 매립하여 만든 공장이었다. 전에 그곳은 바다였다. 나는 전에 그곳과 한진중공업에서 공장을 만들고 있다는 말을 듣기는 했다. 수빅 부두 가까이에 7척의 배들이 포항제철소에서 철재를 가득 싣고 와 하역을 기다리고 있었다.

한진중공업이 잘 돌아가는 모양이었다. 부두마다 철제들이 가득 쌓여 있었다. 공장에서 일하는 사람이 많아 벌써 5명의 인부가 떨어져 죽었다고 했다. 그래서 필리핀 정부에서 또 인부가 떨어져 죽으면 한진중공업의 가동을 정지시키겠다고 했다. 그리니 한진중공업에서 철저히 안전사고가 없게 했다. 경비가 철저했다. 현관문 밑에 경비원 2명이 배에서 내려가는 선원들의 선원수첩을 확인했다. 그리고 철저하게 감시했다. 나는 배 현문에 경비가 선 나라를 보지 못했다. 그리고 인부들을 교대할 때마다 부두에서 철저하게 검사했다. 줄을 서서 검사받았다. 마지막에는 신발을 벗겨 신발 안도 검사했다. 수빅 한진중공업은 12시간 일했다. 그러니까 하루에 1번씩 교대했다. 우리나라 사람들은 뒤에 서서 인수인계가 잘 되는가를 지켜보았다. 필리핀 경비원이 무언가 잘못하면 지적해 주었다.

우리나라 말을 쓰기도 했다. 나는 경비원들이 교대할 때 충성이라고 하는 말을 자주 들었다. 그리고 몸에 철제품을 못 가지고 가게 했다. 나는 USB를 가지고 있었는데 경비가 배로 돌아가 배에 그 USB를 배에 두고 오라고 했다. 나는 한국 사람이니 여러 가지로 도움을 받았다. 한국 사람인 경비과장이 모든 것을 지시했다. 물론 필리핀 경비원들에게 무슨 어려운 것이 있으면 경비과장이 해결해 주었다.

나트랑 현대중공업은 너무나 느리게 일했다. 하루에 9시간 일하니 빠를 수가 없었다. 우리 배는 방파제 부두에 접안하여 일했다. 조선소 부두라 여

소설

러 장비가 잘 갖추어져 있었다. 우리 배는 5일 후에 나트랑 현대중공업 부두에서 출항했다. 도선사가 우리나라 사람이었다. 그리고 예인선이 5척이 있었는데 그 예인선 3명의 선장이 우리나라 사람이었다.

그러니까 도선사가 우리나라 말로 지시했다. 망하자면 우로 10도 또 좌로 5도 이런 식이었다. 영어로는 스타포드 10 포트 5였다. 우리 배에는 베트남 동부 해안 북쪽에 있는 두산중공업 화물도 싣고 있었다. 그러니 나트랑 현대중공업을 출항하여 배는 베트남 동부 해안 북쪽에 있는 두산중공업으로 갔다. 그 항구도 바다를 매립하여 만들어진 곳이었다. 그 두산중공업은 하루 내내 일했다 커다란 크레인을 만들었다. 이미 4개의 크레인이 만들어져 배로 실려 나가기를 기다렸다. 나트랑 현대중공업과 너무나 차이가 났다. 이것은 이미 여러 가지로 나라가 안정되어 있었을 때 두산중공업이 만들어졌다는 것을 의미했다. 나트랑 현대중공업이 만들어졌을 때는 베트남이 여러 가지로 안전이 어려운 때였다. 그러니까 그렇게 안전하게 일했다.

베트남 두산중공업에서는 화물이 적어 하루 만에 출항했다. 두산중공업에서는 여러 개의 새 크레인을 만들고 있었다. 돈이 되는 공장이었다. 두산중공업에도 대부분 간부직은 우리나라 사람이 맡고 있었다. 내가 한국 선장이니 어려움이 있으면 도와주었다.

배는 베트남을 출항하여 싱가포르로 가고 있다. 베트남에서 싱가포르까지 3일에 걸렸다. 싱가포르는 많은 배들이 다니는 길목에 있다. 그러니 많은 배들이 싱가포르 외항에서 급유했다. 싱가포르 기름값이 다른 항구보다 싸다고 했다. 한국 선원들을 싱가포르 피플스 파크에서 만나곤 했다. 그래서 나는 한국 선원들을 만나려고 상륙했다. 싱가포르 부두에는 부두를 다니는 셔틀버스가 30분마다 있었다. 부두가 크니 그런 것 같았다.

나는 한국에서 부산에 있는 대리점을 통하여 배를 탔다. 항해사 면허를

올리니 계속 직급이 올랐다. 1항까지는 자동으로 올랐다. 그런데 선장은 달랐다. 부산에서 대리점을 통하여 배를 탔다. 부산에서 대리점을 통하여 배를 타면 순서가 있었다. 많은 항해사가 대기했다.

그러니 먼저 하선한 항해사가 먼저 승선했다. 나는 서면에 있는 32평 현대아파트를 분양받느라 많은 돈을 은행에서 빌렸다. 오랫동안 대기할 수 없었다. 그래서 나는 여러 해운회사에 이력서를 제출하여 두고 제일 빠른 배를 탔다. 선장으로 진급하려면 보통 1년 넘게 기다려야 했다. 나는 그렇게 장기간 기다릴 수 없었다. 그래서 계속 6년간 나는 1항사로 배를 타고 있었다. 보통 1항사 3년이 넘으면 선장으로 진급했다. 나는 1항사로 배를 타면서 고향 2항사를 만났다. 그는 나에게 자주 싱가포르로 가서 선장이 되라고 했다. 그는 싱가포르에서 이미 몇 년간 배를 탔다가 부산 대리점을 통하여 배를 타고 있었다. 그는 나에게 늘 말하곤 했다. "1항사님, 언제까지 1항사만 할 건가요? 싱가포르로 가서 선장이 되세요. 싱가프르는 선장이 부족하여 바로 선장으로 진급할 수 있어요. 그리고 싱가포르는 계약연장도 가능해요." 자주 2항사의 말을 들으니, 호기심이 생겼다. 배를 타다 보면 선원 중에 허풍쟁이들이 많이 있었다. 2항사는 진실한 사람처럼 보였다. 내가 2항사에게 물었다. "2항사, 어떻게 싱가포르 배를 탈 수 있나?"

2항사가 바로 대답했다.

"싱가포르에서 배를 타려면 여권을 만들어야 해요. 이번에 우리 배가 싱가포르에 가지 않아요? 내가 전화할 테니, 싱가포르에서 선원협회 해무 부장을 만납시다." 상가포르에는 우리나라 해기사들이 100명 넘게 배를 타고 있었다. 그래서 선원협회를 만들어 일하고 있었다. 모든 일은 해무 부장이 했다. 싱가포르 해무 부장은 싱가포를 잘 아는 사람이었다. 노는 회원이 있으면 이 회사 저 회사로 데리고 다니며 회원들의 취업을 도왔다.

소설

　배가 싱가포르에 도착하니 2항사가 이미 해무 부장을 불러 우리가 통산 보트를 타고 통산 부두에 닿으니 싱가포르 해무 부장이 우리를 기다리고 있었다. 해무 부장이 입을 열었다.
　"이등 항해사에게서 이미 여러 번 1항사에 대한 말을 들었어요. 나에게 여권을 만들면 바로 보내주어요. 2항사, 다시 싱가포르로 와서 선장을 하여야 하지 않겠어요?" 2항사는 웃기만 했다.
　나는 여러 서류를 만들어 싱가포르 선원 부장에게 보냈고 나의 여권이 만들어져 나는 싱가포르 컨테이너선 선장으로 배를 탔다. 우리 회사는 싱가포르에서 2번째로 큰 해운회사였다. 그때는 컨테이너선이 처음이라 아무도 컨테이너선을 타려고 하지 않았다.
　싱가포르에는 피더선이 많이 있었다. 피더선이 아주 바빴다. 피더선은 유럽에서 온 큰 컨테이너선들이 컨테이너들을 동남아 여러 나라 항구에 하역한 것이었다. 유럽에서 온 큰 컨테이너선들의 컨테이너를 중형선들에서 하역하려고 했다. 그러면 시간을 절약할 수 있었다. 그러니까 싱가포르에서 가까운 방콕이나 자카르타, 그리고 베트남 호찌민의 컨테이너들은 대부분 피더선이 실어 날랐다. 그러면 유럽 대형선들은 시간을 절약할 수 있었다. 나는 이미 10년 넘게 선장으로 배를 탔다. 나는 이미 고참 선장이 되어 있었다. 싱가포르는 유능한 선장들이 별로 없었다.
　나는 한 회사의 계속 배를 탔다. 싱가포르에서는 한국건설업자들을 알아주었다. 싱가포르 대부분의 관급공사는 현대건설이 맡아 했고, 특별한 건축공사는 쌍용건설이 맡아 했다.

신강우 | 전남 고흥 출생
· 〈한겨레문학〉 수필, 〈문학과 의식〉 소설 등단
· 한국문인협회, 한국작가회의, 한국현대시인협회, 열린시학회, 한국시조시인협회, 한국소설가협회, 중구문협회원, 한국문예작가회 운영이사
· 열린문학상, 조선시문학상, 한국시조문학상, 한국문예소설대상, 불교문학 대상 수상

한국문예대상 및 신인상 수상자

한국문예대상

임무영

문학대상

김청

시문학대상

지성 김정희

신인문학상 (시조)

나영봉

조용휘

최임순

신인문학상 (시)

전종택

신인문학상 (수필)

강명옥

신인문학상 (문학평론)

김원규

송영기

문학대상

눈꽃나비

임무영

추운 겨울 아침
앙상한 나뭇가지에
눈꽃이 피었다

매서운 겨울바람에
폭신하게 덮으라고
보내준 눈송이가
꽃이 되었다

아침햇살이
눈꽃에 박혀
금빛 무늬로 새겨지면

달려온 새들이
콕콕 쪼아대며
겨울 아침을 즐긴다.

문학대상

모래집

임무영

바닷가 모래밭
엄마와 순이가
모래집을 짓는다

순이는
층층이 아파트
높다랗게 쌓고

엄마는
바닷가 시골집
어릴 적 살던 나지막한 집

백사장에 세워진
아파트와 시골집
나란나란 파도 소리 듣는다

아파트엔 햇살이 놀다 가고

문학대상

시골집엔 바닷바람이 놀다 가고
바닷가 모래집에 바다가 들어있다.

김 청 I 아동문학가 · 시인 · 수필가
· 공주사범 졸업, 건국대학교 교육대학원 졸업
· 서울시 북부교육지원청 교육장 역임, 서울시 교육연수원 교육연구관, 사)한국적성찾기국민실천본부 이사장 역임, 사)한국몬테소리교육협회 이사장역임
· 한문문예 수필등단, 시와창작 시등단, 한국아동문학회 동시등단, 국보문학 시분과회장, 한국아동문학회 교육문화발전위원장, 한국문예작가회 고문, 국보문학서울국보문학 추진위원장, 한국문인협회원, 국보문학관장
· 서울특별시문화상, 시와창작수필문학상, 국보문학작가대상, 한아문오늘의작가상, 한국문예수필대상, 시와창작특별문학상, 한국예술문화 문학대상(아동문학부문), 한국문학백년상 외
· 저서 : 『나의 길을 다시 가련다』, 『내친구 길 고양이』, 『바람따라 훨훨 구름따라 훨훨』, 『학교는 어떻게 변해야 되겠는가』, 『비눗방울이 우주선 타고』 외

심사평

참으로 순후한 사랑의 노래

　임무영 시인의「모래집」과「눈꽃나비」를 한국문예대상에 올린다. 임무영 시인은 평생 교육 요직에 봉직하면서 사랑의 교육을 실천해 온 분이기에 그의 시를 읽으면 시(詩)는 정(情)을 뿌리로 하고 말을 싹으로 하며, 소리를 꽃으로 하고 의미(意味)를 열매로 한다는 당나라 시인 백거이(白樂天)의 말을 떠올리게 된다.
　시「모래집」은 두 모녀가 바닷가에서 소꿉놀이로 모래집을 짓는 천진한 모습이다. 엄마와 어린 딸이 바닷가에서 소꿉놀이로 모래집을 짓는 아름다운 영상은 가슴이 짜릿한 정을 느끼게 한다. 이런 어린 시절의 소꿉놀이는 아기자기하고 정겹기 때문에 어른이 된 뒤에도 이때 함께 놀던 친구를 '소꿉동무'라고 부른다.
　이런 놀이를 통해 어린이들은 가정생활이나 사회생활에 들어가는 준비 과정을 경험한다. 또「눈꽃나비」는 추운 겨울 앙상한 나뭇가지가 안쓰러워 겨울바람이 꽃송이와도 같은 폭신한 눈송이를 보내주고, 아침햇살은 그 눈꽃 송이에 박혀 금빛 무늬로 새겨지면 굶주린 새들이 와서 쪼아대며 겨울 아침을 즐긴다고 했다.
　천지자연의 위대한 사랑을 말한다. 이런 시는 읽을수록 의식 속에 떠오르는 심상(image)이 너무도 아름다워 시는 곧 사랑의 노래라고 한 백거이(白樂天)의 말에 공감하게 된다. 좋은 시를 보여주신 임무영 시인께 축하와 함께 큰상 달으심을 충심으로 축하한다.

〈심사위원 : 김종상 · 정순영 · 나영봉 · 서병진〉

당선소감

기쁜 소식 알려준 친구 까치

한국문예 고문 임무영

　아침에 일어나 창밖을 보니 창 난간에 예쁘게 차려입은 까치 한 마리 깍깍 깍 걸린다. 나하고 제일 친한 깍깍 이가 와서 기쁜 소식을 전해 준다. 한국문예대상 수상자로 결정되었다는 소식이다.
　한국문예대상 이렇게 큰 상을 받게 되어 정말 감사하고 기쁘기 그지없습니다. 회장님 부회장님 여러 문우님 다시 한번 고개 숙여 감사드립니다.
　특히 심사 위원장님 심사위원님들 여러 가지로 부족한 제작품을 선정해 줘서 고맙습니다. 앞으로 더욱 열심히 하고 더 노력하여 훌륭한 작가가 되도록 하겠습니다.
　또한, 우리 한국문예회가 한국에서 제일가는 문학단체가 되도록 기원합니다. 끝으로 우리 동시가 전 국민이 좋아하는 동시가 되도록 최선을 다하겠습니다.

초상화

김 청

어느 날 문득
거울 앞에 서릿발 할배

꿈은 아직 젊은 그대로 남았어도
아스라한 허상으로 풀썩인다

숨 가쁘게 달려온 욕망 누가 부수었나

부르지 않은 주름골 줄줄이
주인 행세 자리를 잡는다

야속타 믿던 시절 허망도 꿈이었던가

허리춤 고쳐 매는 거울 앞
아직도 꿈은 새파랗게 지칠 줄 모른다.

한국문예대상

우면 앞산

김 청

눈바람 하얗게 휘날리는 우면산
가지마다 눈송이꽃
바람을 타고 흩날리며
온 산 천지 백짓장이다

메말랐던 산천초목 눈가지 뒤덮고
새 세상 열어가려는 듯

위모와 위각으로 얼룩진
위란의 풍진세상
시꺼메진 만상을 하얗게 뒤덮고
붓 자루 내밀며 위국의 그림 그리란다

눈 쌓인 숲 둘레 길에 앉아
새뽀얀 서울을 내려다본다

로버트 프로스트 눈 내리는 숲길

'숲은 어둡고 깊고 아름답다
그러나 나는 지켜야 할 약속이 있다
잠자리에 들기 전 수 십리를 더 가야 한다'

그래, 일어나 가야지
뚜벅뚜벅 하겠다.

한국문예대상

벽방산 기슭에서

김 청

우람한 벽방산 굽이치는 산허리
호수 같은 앞 바다 휘저으며
끼니를 놓쳐도 두둑했던 꿈

햇살로 익어가는 푸른 들녘
달빛 받아 만개한 매화 향기 속
파란 꿈자리냐던
월평리 작은 고옥

논밭 월평천 이어 붙이딴섬
물장구 플랑크톤 뒤집어쓰고 첨벙이던 앞바다
배냇짓 청년 만든 마을
뒷산 소나무 아래 자란 꿈
송화 꽃 향긋한 바람에 노래짓던

대청마루 나뒹굴며 자라난 꿈
등잔 심지 까맣게 그을던 공부방

높다란 벽장 홍시와 곶감 달콤도 했지
꼴망태 메고 소똥 치우던 돌담 고샅길
어릴 적 애증 후박 풀풀 나는 고향

한밤 지새는 고향 오순도순
온갖 멧새 입담 푸는
구름 둥둥
그리운 내음 어머니 품
갯벌 내음 명치끝 흔드는 시린 가슴

내 고향 월평리.

김 청 | 공학박사 기술사
· 경남 고성 출생, 고성중, 통영고, 연세대 졸업
· 「한국문인」 수필(2011년), 시(2013)), 소설(2016년) 신인상, 김소월문학상(2021년) 수상
· 한국문인협회 · 국제PEN한국본부 · 한국소설가협회 · 새한국문학회원, 한국문예작가회 자문위원
· 수필집 : 「공돌이의 푸른 산책길」 시집 : 「움트는 고목」 외

심사평

한국문예문학대상 응모작품 심사평 요약

　김청 시인(공학박사, 기술사)은 한국 문단에서 인정받으시는 작가로서 응모하신 시 3편의 시 초상화, 우면 앞산, 벽방산 기슭에서 시는 자신의 여정, 자연과 같이하려는 계절의 정취를 느끼게 하는 서정시로 보인다. 그런데 좀 더 깊은 의미로 살펴보면 삶의 변화를 앞서 느끼는 인간의 애착이 깊이 묻혀있다.
　찾아가는 우면산의 겨울이 변화무쌍한 정겨움이 가슴 깊이 이어지는 감정을 솔직하게 시어에서 잘 표현된 진솔한 시이다. 벽방산 기슭에서도 그렇다. 우람한 벽방산 굽이치는 산허리 두둑했던 꿈 인생의 노정이요, 자연의 함께하는 여정이 아닌가 싶다.
　본시 1. 초상화는 자기 삶과 여정을 우면 앞산, 벽방산 기슭에서 말하는 "계절의 변화되어 가는 모습" "자연의 변화와 그리움"은 무엇을 말함인가.? '인생 수확기'를 말하고 '자연과' '고향 집 그리움'은 향수를 일깨우는 '매개체'이다.
　그리고 그간 살아온 자연을 벗 삼아 자신의 삶을 시대적 시점과 관점을 통해 바라보는 마음이다. 그리고 '벽병산의 기슭에서' 무수한 나날 악전고투로 이루어 낸 알찬 결과를 표현했고 본다.
　자연의 변화 속에 푸르른 꽃과 열매를 맺기 위한 일종의 한 과정일 뿐이다. 산과 삶의 변화 그리고 고향을 그리는 순수한 마음이 새싹부터 아름다운 눈꽃이 피어 만발하기까지 거센 비바람 등 온갖 고난을 다 견디었을지라도 열매 맺지 못하면 모두가 헛수 고가 되고 만다.
　위 시 3편 시어를 종합적으로 음미해 보면 우리 모두 행복한 삶을 그림처럼 그린 시를 감상하면서 부족하지만, 심사평을 접는다. 한국문예 제12호 문학상 김청 시인 작 3편을 이번 한국문예문학대상 작품으로 추천하며 수상을 진심으로 축하드립니다.

〈심사위원 : 김영석(글) · 김종상 · 나영봉 · 서병진〉

당선소감

세월 키우기

김청

  날아든 수상 소식에 기쁨보다 부끄러움이 앞서는 것도 욕심일까요! 일상의 몇 줄에 내려진 과분한 칭찬이라 생각합니다. 세월에 얹혀산 시간의 줄거리에 작은 열매가 익어가는 이즈음 벼르고 살던 문학에 꿈이다.
  실어 나르며 모은 졸작에 거는 기대는 늘 푸르게 사는 선택이라 여깁니다. 세월을 키우는 마음으로 글을 짓는 것이 더없는 행복한 보람이랍니다.
  수상자로 선정해 주신 심사위원님들께 깊은 감사를 드립니다.

시문학대상

폐광의 지평 위에 넘어선 시간들

지성 김정희

안전모 쓰고 검은 작업복
지하 수백 미터 막장 안
목숨을 담보로 살아가던

시끌벅적 훈훈하고 활기 넘쳤던
탄광촌의 애환
산업일꾼 빛나던 투혼
희미한 기억으로 멀어 가고

첨단 정보화 시대 알면서도 머뭇대다가
속절없이 흘러간 세월
녹슨 폐광 위로 불현듯 생의 변곡점

돌아 낯선 지평을 열어
APT라는 삭막한 현주소

시문학대상

모내기

지성 김정희

흰 물결 넘실대는 논
써레로 잘 다듬어진
붉은 점 찍힌 흰 모줄 넘어갈 때
구성지게 소리치는 모줄 아저씨

큰 광주리 넘쳐 나도록 모밥 나르시는 어머니들
힘들고 고단함도 삶의 향기인 양
넓은 논둑 포플라 나무 그늘에서

시끌벅적하고 정겹던 모밥 한나절
눈부신 5월 햇살이 푸른 들판을
가득 메운다.

김정희 I 문예춘추 시 부문 등단, 청계문학 시·수필 부문 등단
· 중앙일보사 평택지사 근무
· 한국문예작가회 감사

심사평

논두렁의 나무 그늘은 시어가 되고

　지성 김정희 시인은 경기도 평택에서 유년 시절을 보내면서 평택의 너른 들녘을 바라보면서 넉넉한 인심을 키우고 소박한 꿈을 키우고 자라 지금껏 고향을 지키고 사는 순박한 토속적인 자연인이다. 여중, 여고를 다니면서 농로 길 흙탕물에 누렇게 변화는 자연을 보고 창작하였다.
　지성 김정희 시인의 한국문예 제12호 문학상 응모한 작품은「폐광의 지평 위에 넘어서 시간들」,「모내기」두 편이었다.「폐광의 지평 위에 넘어서 시간들」은 대한민국 산업화를 이끌었던 석탄 산업의 역사와 문화를 잘 나타내었다.
　「모내기」는 벼농사에서 가장 중요한 과정이었다. 쟁기로 굳은 논바닥의 흙을 갈아엎고 물을 담은 다음 써레질을 하고 묘판에서 키운 모를 옮겨심는 일이다. 못줄을 대는 두 사람은 양 끝에서 한목소리 추임새를 넣고 표시된 못줄에 네다섯 포기의 모를 심는다.
　그리고 새참이 나오면 펑퍼짐한 논두렁 포플라나무 그늘에 모여 앉아 금방 비우는 밥 한 그릇은 꿀맛이다. 시골의 풍경과 농경 생활 상태를 생생하게 표현하였다. 또한, 서정적이고 감성이 풍부하다. 그리하여 응모한 두 편 모두 우수작으로 선정되어 한국문예 제12호 한국문예 시문학 대상에 올린다.

〈심사위원 : 나영봉(글)·조성국·최임순·서병진〉

당선소감

희망, 사랑이라는
아름다운 시를 쓰고 싶습니다

지성 김정희

아침 일기예보는 많은 비가 온다고 했다. 이곳 중부지방에는 엊그제에도 10mm 이하의 적은 양의 비가 내렸다고 한다. 지구온난화 탓으로
심한 기후변화와 극심한 가뭄 때문에 어떤 작물도 되지 않고 잎과 가지만 덩그러니 서 있을 뿐이다.
앞으로 점점 심해질 기후변화를 염려하면서 마음이 심란하던 차 한국문예작가회 서병진 회장으로부터 이번 한국문예 제12호 출판기념회에서 한국문예시문학대상에 선정되었다는 기쁜 소식을 들었다.
수상의 영광을 주신 서병진 회장님과 심사위원님께 머리 숙여 감사의 말씀을 드립니다.
한국문예작가회의 무궁한 발전과 전승을 빌며, 수고 하신 모든 분에게 축복과 행복이 가득 하시 길 기원합니다.

신인 문학상(시조)

폭우

나영봉

소낙비
투닥투닥
떨어지다 싫증나
뿌리쳐 흩뿌리고 한 박자 쉬어 본다
또 한 번
쏴아 뿌리고 불협화음 난타전.

신인 문학상(시조)

염소탕

나영봉

무더위
달려드니 사십도 라고 했다
염소탕
몸에 좋다 찾아간 음식점은
가격도
껑충 뛰었고 주머니만 비웠다.

신인 문학상(시조)

풀 뽑기

나영봉

친구랑 고구마밭 풀 뽑기 하러가니
잡초는 기고만장 까치발 하고 있고
고구마 풀이 죽어서 쥐구멍을 찾는다.

국악한마당

나영봉

진달래 활짝 피어 남인사 찾아간 날
가녀린 허리춤에 껴안는 장구 소리
어깨춤 절로 나오니 덩실덩실 춤춘다.

신인 문학상(시조)

소통

나영봉

강아지
한 마리가 우리 집 찾아왔다
십오 년
살다 보니 꼬리로 표정 읽고
품 안에
안아주니까 손자처럼 기쁘다.

나영봉 | 시인 · 문학평론가, 호 가야(嘉野), 방송대학교 국어국문과 졸업
· 「한비문학」 시 부문 신인상, 「한국문예」 문학평론 부문 신인상
· 한국문예작가회 부회장 · 사무총장, 종합문예지 「한국문예」 주간
· 한국문학신문 기자, 한국문예연수원 교수
· 한국문학대상, 한국문예문학대상, 서울시장 표창, 서울시의회의장 표창, 국회의원 통상위원장 표창 외 30여 회 수상

심사평

현대시조의 3장 형식과 내용이
잘 조화된 우수작품

―나영봉 시인의 시조 창작 능력과 표현 기교가 돋보인다―

시조는 우리나라에만 있는 고유의 정형시다 고려말 정몽주 우탁 길재 등의 고시조부터 연혁을 잡아보면 7백 년 내외가 되리라 믿는다. 시조는 정형시이므로 3장 6구의 시조 형식에 맞게 창작해야 한다 시조의 정형을 벗어나면 시조가 아니다.

3장 8구 설 3장 12구 설이 있으나 3장 6구 설이 보편적이다. 나영봉 시조 5편은 3장 6구의 평시조로서 단수의 단시조다. 두 이상이면 연시조다. 연시조가 길면 장시조가 된다. 나영봉 시인은 폭우 등 5수의 단시조로 평시조로서 3장 6구 모두 45자 내외의 시조 형식에 잘 들어맞는 능숙한 시조를 창작했다.

〈폭우〉는 여름 계절의 시간적 배경 속에 내리는 폭우의 정경적 상황을 투닥투닥 의성어 시어 구사로 청각적 이미지로 잘 조화된 작품이다. 종장의 "불협화음 난타전"표현이 기교적인 표현으로 개성미 넘치는 표현이다. 〈염소탕〉은 맛과 가격 등 여름 음식의 취미와 생활을 잘 보여준다. 사실적인 생활작품이다.

〈풀 뽑기〉는 농촌 서정을 감각미 있는 시어 선택으로 3장 6구 시조 한 수를 짜임새 있게 미적 감각이 두드러지게 창작했다. 형식과 내용이 잘 조화를 이룬다 〈국악한마당〉은 남인사를 찾아가 시각적 청각적 이미지로 국악한마당의 예술미를 잘 승화시켰다.

〈소통〉은 강아지 동물 애를 보이며 사람이 강아지와도 감각적 소통이 된

심사평

다는 이미지로 사람들에게 삶의 소통과 인간미를 보여준다는 교훈적 가치의 시조 작품이다.

  5편이 다 제목 이미지 수사 기교가 뛰어난 작품인데 그 가운데도 시조의 형식미 개성미 표현미를 미적 감각미 있게 잘 보여준 작품은 〈폭우〉와 〈풀뽑기〉이다. 나영봉은 사물을 보는 관찰력이 예리하고 시의 이미지 전개나 개성적 표현 등으로 보아 월하 백수 같은 훌륭한 시조 시인이 되리라 믿는다. 시조시단 등단을 축하하며 꾸준한 정진을 빈다.

〈심사위원 : 오동춘(글) · 원용우 · 조성국 · 서병진〉

당선소감

제대로 형식을 못 갖춘 미숙한 시조임에도

나영봉

 우리는 중·고등학교에서 국어시간에 배웠던 고전문학시간이면 고시조를 지금까지 잊지 않고 뇌리에 떠올릴수 있는 것으로 고려말 조선초의 정몽주의 현실적인 분위기에서 자신의 심정을 표현하는 시조 이몸이 '죽고 죽어 일백번 고쳐죽어, 단심가와 조선시대 3대의 임금이 된 이방원의 화답시조' 이런들 어떠하리 저런들 어떠하리'의 하여가를 정격율격의 단시조를 공부했다.

 그리고 우리도 시조의 정체성을 논하면서 본질적인 시조의 전통을 이어가야할 문화라고 주장하는 문인이 늘어간다는 사실앞에 그렇게 하는것이 올바른태도라는 생각이 들었다.

 하긴 영국의 소네트, 일본의 하이쿠, 중국의 절시,

 한국의 고시조로 알려진 문학의 흐름을 지켜가는것도 중요하다.

 그래서 이번에 부족하지만 무작정 시조를 내놓았다. 이것은 한국문예작가회 서병진 회장의 참신한 기획력과 추진력을 곁에서 지켜보면서 나름 내린 것은 시조시인으로 등단을 해보자는 오기를

 갖고 작품을 공모를 하였다. 우리는 예로부터 선조들이 창작의 공간이 부족함을 느끼고 높은 산과 깊은계곡의 바위에 음각해 놓은 한시를 볼 수

 있었다. 요즘같은 혼란한 이념갈등을 겪는 시류에 김삿갓을 존경하지만 여건도 갖추지 못한 상황속에서 서병진 회장의 권유로 조심스럽게

당선소감

   시조5편〈폭우〉, 〈염소탕〉, 〈국악 한마당〉, 〈소통〉, 〈풀뽑기〉을 응모작품을 제출하였는데 심사위원의 스치듯 눈길 닿아서 〈폭우 〉, 〈염소탕〉〈풀뽑기〉 선정해주셨다. 두 분의 심사위원분과 심사평을 해주신 오동춘 문학박사께 감사의 인사드립니다.부족함을 느끼면서 낮은자세로 글을 쓰면서 정진할것을 다짐합니다.

신인 문학상(시조)

꿈

조용휘

저 하늘 높은 곳에 오르고 싶은 욕망
날마다 쌓는 돌탑 높이를 더해 가면
누구나
이룰 수 있다
마음속의 푸른 꿈

신인 문학상(시조)

고속버스 터미널

조용휘

오가는 사람들의 발걸음 재촉하고
설렘과 아쉬움이 가득 찬 정류장은
인생의
만남과 이별이
교차되는 축소판

신인 문학상(시조)

지하철에서

조용휘

날마다 출근 시간 붐비는 전동차엔
수많은 사람들이 자신의 삶의 무게
어깨에
짊어지고서
달려가는 고행 길

신인 문학상(시조)

시집살이

조용휘

신혼 초 부모 봉양 땡초 같은 시집살이
눈물콧물 훌쩍이던 그 시절이 아득하다
이제와
돌이켜 보니
시부모님 가르침

눈가에 물기 젖은 사연을 누가 알리
수많은 난관 극복 가문을 일으켰지
이제는
살만해지니
시부모님 안 계셔

신인 문학상(시조)

고향 집

조용휘

아무도 살지 않는 고향집 찾았더니
무성한 잡초 속에 키다리 해바라기
어서와
환한 얼굴로
아빠처럼 반겨주네

무너진 토담 위엔 호박꽃 웃음 짓고
뚫어진 천정 사이 쥐들만 드나들어
덜커덩
현관문 소리
어머니의 음성인가

조용휘 | 서울대방초 · 서울우신초교장, 영등포구 명예구청장, 서울시민배심위원 역임
 · 2002년「글 사랑 문학」수필 신인상으로 등단
 · 한국글짓기지도회장, 서울초등문예창작교육연구회장, 수정샘물문학회회장 역임, 백미문학, 상현문학 동인
 · 수상 : 황조근정 훈장(2013), 충 · 효 · 예 대상(2008), 제1회 KT&G 복지재단 주최 노년문학상(2017) 외
 · 저서 : 교단수상록「행복한 사람」, 공저「인생시계」, 「오후의 그리움」, 「동행」 외

심사평

단시조의 장점을 잘 살렸다

원용우(시조시인, 문학박사)

조용휘 시인이 그동안 시조 작품 수련에 몰두해 왔다. 이를 위해 많은 시간을 바치면서 정성을 들인 것이다. 그 결과 이제는 시조 등단의 문 앞에 서게 되었다.

제출한 작품은 〈꿈〉, 〈고속버스터미널〉, 〈지하철에서〉, 〈시집살이〉, 〈고향집〉 등 5편이다. 이 중에서 〈지하철에서〉를 당선작으로 선정하였다. 이 작품은 그 형식이 단시조이다. 평시조라 불리기도 하는데, 전통적이고 시조의 본령이기도 하다.

시조가 처음 생길 당시는 단시조로 출발하였다. 단시조 형식은 3장 6구 12소절이라고 한다. 이 형식은 향가에서 왔다는 향가기원설, 속요에서 왔다는 속요 기원설이 그동안 힘을 받고 있었다. 그러한 학설을 제기하려면 증거를 제시해야 하는데, 증거를 제시하지 못하니 답답하다.

그래서 심사자가 새롭게 제시한 것이 성리학 기원설이다. 이 학설을 증거로 세 가지만 들겠다. ①시조의 출발은 고려 말 조선 초 성리학이 이 땅에 들어온 다음부터이다. ②그 당시 시조 작품을 남긴 작가가 거의 성리학자이다. ③ 작품의 내용이 유교의 이념인 충효 사상이 포함되었다.

당선작 〈지하철에서〉에서 성리학과 연결하면 시조 삼장은 성리학의 천지인 삼재설을 상징한 것이다. 초장은 地, 중장은 人, 종장은 天이라 보는데, 종장은 시조의 제5구에 해당한다. 제5구는 기승전결 구조에서서 절정에 해

당하고 시상을 결집시킨다. 그 다음 시조의 12소절은 1년 12개월을 의미하는데,

　제5구는 9월 10월에 해당한다. 상기 작품에서 초장은 시상이 시작되는 곳으로 출근 시간에 사람들이 한꺼번에 몰려와서 너무 복잡하다는 것이다. 그 다음 중장은 시상을 이어받아서 발전시키는 곳이다. 그 내용은 많은 사람들이 자신의 삶의 무게를 지고서 힘겹게 지고 간다는 것이다.

　그리고 종장에서는 시상을 결집시키고 하강시킨다. 어깨에 그 짐을 짊어지고서 달려간다는 내용이 이에 해당한다. 위 작품에서 "삶의 무게"라 한 것을 시적 표현이다. 은유법을 쓴 것으로 보여진다. 또 "고행길"은 육안으로 본 것이 아니라 심안(心眼)으로 본 것이다. "어깨에 짊어지고서"도 육안에 안 보이는 것을 심안으로 그린 것이다. 이러한 문학성을 높이 사서 등단 작품으로 선정하였다. 새로이 문학의 길로 접어든 것을 축하드리면서 힘차게 달리시기를 바랍니다.

　　〈심사위원 : 원용우(글), 오동춘, 조성국, 서병진〉

당선소감

늦깎이 등단 작가의 다짐

조용휘

  2001년 수필 신인문학상을 받고 나서 수필만 써왔던 제가 시조 신인문학상이라니, 스스로 생각해도 신기하고 얼떨떨합니다. 아직 부족함이 많은 저에게 등단 작가란 호칭을 주신 심사위원님들께 감사드립니다. 앞으로 시조 창작 활동에 더욱 매진하라는 채찍질로 알겠습니다.
  우리나라 시조의 기원은 고려 말 성리학에서 연유되었으며, 유네스코 세계문화유산에 반드시 등재되어야 함을 역설하시는 전통 시조 대가인 원용우 교수님을 만난 것은 커다란 행운이었습니다.
  삼재와 음양오행설 등 성리학에 기반을 둔 전통 시조가 조상들의 자랑스러운 소중한 유산임을 깨닫게 되었습니다. 늦깎이로 출발한 만큼 우리나라 전통 시조의 발전을 위해 미력이지만 최선의 노력을 다할 것을 다짐합니다.
  매주 목요일 광진문화원에서 시조를 배울 수 있도록 인도해 준 김완기 사진 시조 작가님 고맙습니다. 함께 공부하면서 늘 격려해 주신 선배 시조 작가님들께도 감사 인사드립니다. 끝으로 한국문예작가회의 무궁한 발전을 기원합니다.

신인 문학상(시조)

내 고향 오동나무

최임순

내 고향 기와지붕 세월을 품고 있네
내 생일 맞이하여 아버님 심어놓은
나무는 부모님 숨결 품어내며 춤춘다

초저녁 넘어가는 그 옛날 울어대는
뻐꾸기 소리에는 그리움 울려 퍼져
우는 건 뻐꾸기인데 내 가슴이 젖는다

부모님 하늘나라 별빛이 되었지만
지난날 지켜주는 그리운 오동나무
내 삶에 용광로 불꽃 하늘 높이 솟는다.

신인 문학상(시조)

목동 용왕산에서

최임순

까치가 깍깍 우니
내 고향 생각난다

풀 향기 코끝으로
그리움 타오른다

빛나는 뭉크의 별밤
오로나를 품는 빛.

신인 문학상(시조)

연꽃의 명상

최임순

은은한 묵언으로
못 잊어 하얀 순정

희미한 추억 접고
꽃술은 황금빛 향

속마음 정갈한 심성
선비 마음 같구나.

심사평

우리의 시조에 빛을 더한다

　한국문예 제12호에 최임순 시인이 신인문학상 시조 부문에 응모하였다. 응모한 작품은 〈내 고향 오동나무〉, 〈목동 용왕산에서〉, 〈연꽃의 명상〉 등이다. 이 세 작품 중에서 〈내 고향 오동나무〉를 당선작으로 추천한다.
　이 작품은 3수 연시조로 구성되었다. 시조의 기준형은 초장 3434, 중장 3434, 종장 3543인데 기준형에 맞는다. 그러니 시조의 형식을 잘 지키어 정형시인으로로서의 자격을 갖추었다.
　그다음은 시조의 내용 면인데, 그 오동나무가 아버님이 심어놓았는데, 내 생일과 연관이 있다는 것이다. 그런데 제1수 종장을 멋있게 처리하였다. "나무는 부모님 숨결 품어내며 춤춘다"라고 표현하였다.   그냥 눈에 보이는 것을 그린 것이 아니라 눈에 안 보이는 것을 〈心眼〉으로 그린 것이다. 이런 것을 시조에서는 상상력을 동원했다고 표현한다. 이러한 논조는 제2수에도 이어져 "우는 건 뻐꾸기인데 내 가슴이 젖는다"라고 표현하였다.
　이런 표현이야말로 〈心眼〉으로 그린 것이다. 제3수에서는 시상(詩想)을 고조시키고 있다. 그리운 오동나무가 "내 삶의 용광로 불꽃"이라 하였고, 그것이 "하늘 높이 솟는다"고 표현하였다. 여기서 오동나무를 용광로의 불꽃이라 본 것은 이 시의 맥락을 절정 상태로 끌어올렸다.
　이것은 시적 상태를 최고조 끌어올린 것이다. 이런 표현은 기성작가도 흉내 내기 힘든 시적 표현이다. 이런 표현을 높이 사서 이 작품을 당선작으로 추천한 것이다. 시조의 성공은 표현을 잘하는데 있다. 그 표현은 남들이 따라서 하기 힘든 경지까지 끌어올리는 것이다.
　우리 시조는 우리의 고유문학이요 전통문학이다. 현대시조와는 성격이

다르다. 우리의 시조를 사랑하고 전파하는 시조시인이 되어주시고, 우리 시조에 빛을 더하는 일꾼이 되어 주시기 바라면서 이만 심사평을 마친다. 건강과 문운이 함께 하시기를 빈다.

〈심사위원 : 원용우(글) · 오동춘 · 조성국 · 서병진〉

당선소감

시조 향기 되어 흐르는 삶

최임순

　먼저 부족한 저를 전통 시조의 길로 삶에 다시금 빛을 비추어 주는 축복에 감사드립니다. 문학이 주는 위안과 기쁨의 길에서 옛 추억 할아버지가 시조를 즐기며 노래하시던 시조의 시어에 마음 깊은 곳에서 조용히 피어나 시조를 향한 열정과 시조는 수백 년을 이어온 우리 민족의 숨결이자 기쁨과 슬픔을 함께 담아낸 맑은 그릇이라 생각합니다.
　우리 고유의 정서를 바탕으로 시대와 더불어 시조 한 수의 울림이 누군가를 위로하고 또 다른 이의 삶에 빛이 되기를 소망하며 더 할 수 있게 기쁨을 간직하며 원용우 박사님의 심사에 감사드리며 항상 부지런한 성품에 한국문예를 이끌어 나가시고 애쓰시는 서병진 회장님의 건강과 무궁한 발전을 기원합니다.
　많은 시조를 남겨 후학들에게 도움이 되도록 노력하여 언제나 초심으로 따뜻한 마음에 깊은 울림으로 독자들의 마음에 다가가겠습니다.
　감사합니다.

신인 문학상(시)

나무

전종택

아낌없이 모든 것을
내어주는 나무

더울 때는 그늘이 되어
주는 나무
심심할 때는 그네도
되어 주는 나무

배고프면 과일을
주는 나무

필요를 느끼기도 전에
알아서 모든 것을
내어주는 고마운 나무

항상 네 곁에 그 자리에서
묵묵한 기둥인 나무

신인 문학상(시)

뻥튀기

전종택

감사하며 사랑하며
아낌없는 마음으로
나의 뻥튀기 인생

인생살이 대단하고
인생 삶이 길 것 같아
사라지는 그 시간
세월이 너무 빨라
인생의 급행열차

올라갈 때는 끝없이 먼 길
내려올 때는 빠른 지름길

그것이 바로 인생의
시계이자 뻥튀기
인생의 반환점 돈다.

신인 문학상(시)

무지개를 찾아서

전종택

지나온 날은
다 아름답고 값진 것
내일이면
오늘이 그립다

구월 비 온 다음 날
무지개를 만나다
만남에 기쁨이 온다
함께 동행에 행복하다

아름다운 일곱 색채
푸른 꿈 희망 담은
배낭을 메고
내일을 향해 여행 간다

살아온 날은 보배이요
살아갈 날은 무지개다

신인 문학상(시)

천금 같은 오늘이다
무지개를 찾아서

전종택 | ROTC통신장교 예편
· 삼양식품(주) 건설본부장, 경영기술지도사 자문위원, 전방재엔지니어링 고문
· 한국주택금융공사 명예홍보대사, 한반도역사문화탐방 위원장 외
· 대통령 봉사 표창장, 대한적십자사 봉사 표창장 외

오늘은 내일을 여는 동력

　인생길을 가면서 꿈을 꾸지 않고 살아가는 사람은 없으리라 생각해 본다. 특히 오늘 접해보는 무지개를 찾아서는 보다도 낳은 내일을 열기 위해서는 오늘을 딛고 일어서야 비로소 내일이 열린다고 하는 새로운 문명의 꿈을 꾸는 동력임을 깨우친다.
　계절이 지났는데도 무지개를 만나게 되어 다행이라 했다가 저자에게는 계절을 초월해 꾼 꿈이 언제나 존재해 성취의 모티브가 되다고 하는 깨우침의 글에서 아, 정말 청춘의 냄새가 이런 글에서 묻어나는구나 하고 부러움의 찬사를 보낸다.
　두 번째 나무를 본다. 한마디로 말해 나도 나무와 같은 사람으로 되고 싶어 하기는 바람의 글이라고 생각되었다. 남을 위해 봉사하고 어려움을 함께하고 기근의 메아리를 잠재워 주는 어찌 보면 성자(聖子) 같은 글귀가 무지몽매(無知蒙昧)한 오늘의 우리를 깨우치라는 경종(警鐘)의 울림만 같았다.
　마지막으로 뻥튀기 본다. 오늘날 우리들 무지의 현실을 소리 나게 깨워 거듭나는 삶을 살아가라는 명구 같았다. 거듭남이 없이 어찌 보다 나은 내일의 길을 열 수 있으며 발전할 수 있으랴 깨우침의 소리 없이 어찌 어느 단체나 국가가 바른길을 갈 수 있으랴 세 편 모두 인생길 바로 가라는 성구(聖句)만 같아 등단작으로 밀며 더욱 정진하셔서 중견 시인으로 거듭나시길 빌어드립니다.

〈심사위원: 조성국(글) · 김종상 · 나영봉 · 서병진〉

당선소감

만남은 기쁨

전종택

  좀 낯설었지만 시인 등재 심사위원들의 심사평에 당선되었다는 소식에 고맙고 감사한 마음은 그득했습니다. 한국문예 서병진 회장님 외 심사위원님들께 감사드립니다.
  내 마음에 보고 느낀 감성을 창작의 여정에 시로 표현한 것이 서병진 회장님 선배님께서 문예 시인의 길로 한 걸음 한 걸음 걸어 한국문예의 창작 문화에 지도해 주심에 감사드립니다.
  만남은 기쁨입니다. 함께 동행은 행복입니다.

신인 문학상(수필)

기적의 황금 반지

강명옥(강유진)

오늘은 초등학교 동창회 날이다. 외출 준비 중 손가락에 낀 반지가 조여옴을 느껴졌다. 빼서 중지에 옮겨 보니 조금 헐렁했다. 두고 갈까? 잠시 망설이다 헐렁한 채로 중지에 끼고 나갔다.

서울대공원에서 친구들과 반갑게 만나 준비된 음식을 돗자리 위에 놓고 털퍼덕 앉아서 추억의 이야기꽃을 피우며 맛나게 먹고 케이블카도 타고 재미나게 신나게 놀았다.

어둑어둑 해 질 무렵 해어질 보따리를 챙겨 지하철역에서 모두 인사를 하고 개찰구로 들어갔는데 갑자기 배가 아팠다. 너무 맛있게 먹은 후유증 ~ 화장실을 찾아볼 일을 보고 나오며 손을 씻는데 아차~내 반지가 없었다. 순간 두근거리는 마음을 가라앉히고 차분하게 의자에 앉아서 이 주머니 저 주머니 가방 지갑 모두 찾아보았는데 반지는 보이지 않았다.

잠시 멈춤을 하고 어디서 잊어버렸을까? 앉아서 놀던 자리로 다시 가볼까? 이미 어둠이 짙게 내려가 보아야 보이지도 않을 것 같았고 푹신푹신한 흙 속에 떨어졌으면 찾기 힘들겠다고 생각하고 반지를 포기하자는 선택을 하고 집으로 가는 지하철을 탔다. 경로석에 자리를 잡고 앉은 나는 나도 모르게 오른손이 왼손에 낀 반지를 찾고 있었다 포기했는데 내 반지가 아닌데 하고 마음을 다시 가다듬으며 스스로 위안하고 있었다. 한참 시간이 지난 후 내려야 하는 정거장이 몇 정거장 남았을 때 갑자기 음식을 맛나게 마련

신인 문학상(수필)

해 온 친구가 생각났다.
 친구에게 전화했다.
 정안아 집에 도착했니?
 응 주차장이야.
 혹 그럴 일은 없겠지만 네가 음식 담아온 보온 가방에 혹 내 금반지가 있나 찾아봐 줄래 무슨 소리야 내 반지가 없어졌어, 그래 명옥아 알았다.
 통화가 끝날 무렵 목적지에 도착한 나는 금은방을 찾고 있었다. 내 머릿속은 온통 금반지를 끼고 집에 간다는 생각으로 가득 차 있었다. 드디어 금은방을 찾아 금반지를 구매하여 손가락에 끼고 새로운 금반지를 만나서 다행이라는 위로의 생각과 한편 아쉽다고 생각하며 집에 도착하였다. 몸도 마음도 늘어진 상태 마음을 가다듬으려고 샤워를 하고 나왔다.
 그 시각 저녁 21:30분 잠자리에 누우려는데 핸드폰이 이불에 떨어졌다. 집어 든 핸드폰에서 정안이에게 온 문자를 확인해 보니 명옥아 반지 찾았다는 문자였다고 아니 이런 일이 정말 기적 같은 일이 나에게 감사~ 감사~ 감사~ 감사합니다.
 급히 정안에게 전화하여 정말 반지가 있느냐고 물어보았다.
 그래 너 반지 찾았다. 보온 가방에서 음식 그릇을 꺼내고 거꾸로 해서 쓰레기 버리는데 데구루루 굴러 나오더라, 나도 신기했다. 카이 정안아 정말 고마워~, 순간 세상에 이런 기적도 있구나! 라고, 생각하며 감사하고 고맙고 정말 기뻤다.
 내 인생에 이렇게도 감사하고 고마운 일이 있구나 기적적으로 찾은 황금 반지와 새로 구매한 또 하나의 황금 반지를 보며 남은 내 삶에도 좋은 일이 더 많이 생겨나리라 이런 감사의 겹 행운은 분명 길하고 상스러운 일이다.
 나는 지금도 손가락에 낀 그 기적의 반지를 바라보며 생각에 잠긴다.….

신인 문학상(수필)

나에게 반지를 다시 돌아올 수 있게 도와준 친구 정안아 정말 고마워.

강명옥(강유진) | 서울사회복지대학원대학교 사회복지 지도교수
· 가족사랑 방문요양재가 복지 시설장
· 스마트복지용품 경영이사

심사평

기적의 황금 반지를 다시 찾아서

　삶은 사소한 사건을 통해 큰 깨달음을 전합니다. 기적의 황금 반지는 한 순간의 부주의로 잃어버린 장신구가 아니라, 그 안에 담긴 추억과 나의 인연이 상징이었습니다. 잃어버린 것을 대신할 수 없는 삶의 진리를 일깨웠습니다.
　반짝이는 반지를 다시 마주했을 때의 놀라움은 우연을 넘어선 인연의 깊이를 말해줍니다. 물질적 가치보다 마음의 울림 세상에 신뢰가 굳건해지고 그 빛은 금속의 광채가 아니라, 되찾은 관계와 사랑의 빛깔로 반짝입니다.
　삶을 긍정으로 이끄는 귀한 상징이자 우리가 살아가는 이유 속에서 다시 빛나는 기적 같은 인연의 표징이었다. 인생은 새로운 기쁨을 선물할 준비가 되어 있다는 사실을 믿게 된다.
　옛 추억을 통한 산문 양식 토픽에 대해 독자와 소통하려는 눈과 귀를 삶과 생각에 변형을 주어 죽마고우 친구와의 행복한 기억을 나누는 경험적 사유와 감각을 통해 심장과 귀를 훈훈하게 하며 삶의 심연을 밀도 있게 썼다.
　욕심 없이 선한 자에게는 행운이 기층언어의 날렵한 활용이 눈부시게 다가온다. 수필 세계 따뜻하게 문학의 인생론적 기원을 이루는 순간의 빛을 발하면서 앞날 작가의 수필이 더욱 심화하여 그 힘으로 삶 속에서 더욱 빛나는 여정을 걸어가길 기원합니다.

〈심사위원 : 최임순(글)·김영석·나영봉·서병진〉

수필 당선 소감문

강명옥(강유진)

뜻밖에 등단 소식을 전해 들으니 너무나 기쁩니다. 72세에 등단이라니 이 또한 감사한 일입니다, 기적의 황금 반지의 제목은 제 삶에서 아주 특별한 순간을 담은 글입니다.

가끔 생각나면 더욱 또렷해지고 기분 좋은 감사한 기억을 글로 표현하는 기회가 주어짐에 감사하게 생각합니다. 평범한 일상에서도 기적은 충분히 존재한다는 것을 이글을 통해서 함께 나눌 수 있어서 더욱 감사한 마음입니다.

무엇보다도 저의 작은 이야기를 따뜻하게 읽어주시고 귀하게 여겨주신 한국문예 심사위원분들께 진심으로 감사드립니다.

신인 문학상(문학평론)

단편 소설 『가면』의 심리주의적 분석과 시대상의 조명

김원규

작품 이해를 위한 배경

가. 작가 하헌태의 생애

하헌태 작가는 강원도 산골인 홍천군에서 태어났다. 지금은 교통이 발달하여 오가기가 편한 세상이 되었지만, 과거의 홍천은 오지 중의 한 곳이었다. 60년대만 하더라도 서울에서 홍천을 가려면 유일한 도로가 경강국도였으며, 도로 사정도 좋지 못한 때라 홍천읍까지 가는데도 한나절이 족히 걸렸다. 홍천읍에서 면 단위 지역으로 가려면 많은 시간이 필요했다. 작가의 동네는 서면으로 상당한 오지였다.

한국동란을 경험했던 세대는 누구나 그랬듯이 50년대, 60년대는 모두가 가난에 찌든 생활을 했었다. 60년대 농촌, 특히 산촌은 가난에 이골이 났다. 작가도 이런 가난한 산촌 생활에서 벗어나지 못했을 것으로 여겨진다. 작가 하헌태는 가난한 산촌 생활에 순응해 가면서도 자기 계발에 노력했다. 주경야독과 호롱불 아래에서 공부를 게을리하지 않은 결과, 가난을 벗어나 입지전적인 젊은 시절을 보냈던 것으로 보인다.

마침내 초등학교 선생님이 되었으며 성실한 교직 생활을 시작했다. 어느

날, 그녀는 장학사가 되기로 마음을 먹는다. 당시 장학사 선발은 공개경쟁 시험으로 3차에 걸친 시험에 통과해야만 한다. 뽑는 전문직 수는 적고, 응시하는 교사는 많았기에, 선생님들은 이 시험을 '교육 고시'라고 불렀다. 교육학은 물론 교육행정, 장학론, 상식 등 수많은 과목을 공부해야 했으며, 2차 영어 듣기 평가, 컴퓨터 능력 시험, 3차 인성과 면접 등을 통해 최종 합격 여부를 가렸으니 웬만큼 공부해서는 합격하기 어려웠다.

그녀는 마침내 장학사가 되었으며, 이후 교감, 교장을 거치면서 초등 교육에서 40여 년을 봉직했다. 퇴직 후에도 작가는 새로운 분야에 끊임없이 도전한다. 70세를 넘기고도 마침내 한국소설가협회가 주관한 제74회 단편소설 분야에서 『가면』으로 신인상을 거머쥐었다.

나. 가면의 줄거리

단편 소설 『가면』은 사) 한국소설가협회가 주관한 2023년도 제74회 한국소설 신인상 당선작으로 아직 문단에 잘 알려지지 않은 작품이다. 작가의 일흔두 살이 되던 해, 이제 무얼 쓴다는 건 너무 늦었다고 생각하던 즈음 신인상을 거머쥔 작품이다.

작품 『가면』은 70대 이상이 경험했던 6·25 전쟁을 배경으로 하고 있다. 젊은 숙자는 남편과 사별, 청상과부다. 거기에 자식을 2명이나 두었으니, 운신의 폭은 좁았다. 항상 고부갈등이 문제가 된다. 시집살이가 보편화된 시대를 배경으로 하고 있다.

뺑코를 지닌 여자는 팔자가 센 걸일까. 팔자 드센 여자로 덧씌우기 했다. 당시 미의 기준은 높은 코가 아니고 좀 나지막한 코였다. 반면 도톰한 입술이냐, 얇은 입술이냐는 오늘날에도 여전히 논란의 대상이 되곤 한다.

숙자는 시모의 괄시와 '남편을 잡아먹은 년'이란 굴레에서 벗어나기 위해

신인 문학상(문학평론)

  아이들 두 명을 시모에게 떠넘기고 낮에 미리 내놓은 보따리를 들고 뛰었다. 그녀는 대구에서 서울행 밤 열차로 도피를 시작하였고, 애들 고모부의 도움으로 의정부 지역 그럴싸한 양식집에 취직했다.
  이곳에서 그녀는 이름 대신 방첩대라고 불리는 군인을 만나서 내면에 감춰졌던 사랑을 나누고, 그 결과로 임신했다. 아이를 지우기 위해 재래적 낙태 방법으로 노력했으나 실패한다. 그 후에도 방첩대와의 관계는 지속되며 방첩대는 전방으로 전출한다. 그녀는 사별한 전남편의 환상과 사랑에서 벗어나지 못하면서 과거와 현실 속에서 방황한다. 은반지와 구리무(크림)를 통해 자신의 내면적 갈등을 은유적으로 표현한다.
  방첩대가 없는 사이 아비 없는 자식을 출산, 혈육으로는 모자 관계이지만 사회적·통념적으로는 동거인으로 등록했다. 그녀는 방첩대를 찾아 부대를 방문하지만, 그는 전투에서 다쳐 병원에 후송되었다는 소식과 함께 방첩대가 남기고 떠난 돈봉투를 받는다. 그녀는 그를 찾기 위해 청평으로, 다시 서울의 국군병원을 찾았으나, 그가 의병 제대했다는 소식을 듣게 된다. 아비 없는 아이의 굴레를 벗겨주기 위해 아이의 아비인 방첩대의 고향, 충북 단양으로 향한다.
  그곳에서 그녀는 또다시 놀란다. 두 번째 사랑인 방첩대가 총각이 아닌 유부남이란 사실이었으며, 그는 불구가 되어 고향으로 돌아온 지 얼마 되지 않아 죽었다는 것. 이제 서로의 가면에서 벗어나려 했지만, 다른 굴레가 그녀를 감싼다. '코가 오뚝하면 서방을 잡아먹는다'라는 속설이 다시 그녀를 감싸안은 것이다. 그녀에게는 두 번씩이나 남편이 죽었다. 아이를 어떻게 할까? 결말을 내지 못한 채 먼 하늘로 달아간 쌕쌕이의 지나간 자리엔 두 줄기의 하얀 자국만 남았다.

2. 소설 『가면』에 표현된 시대적 가치관

소설 『가면』은 70세 이상이나 경험했었던 6·25 전쟁을 배경으로 하고 있다. 젊은 숙자는 남편과 사별한 청상과부다. 거기에 자식을 2명이나 두었으니, 자신이 운신하는 폭이 제한되었고, 시댁과의 고부갈등을 겪는다. 시집살이가 보편화되었던 시대, 고부갈등과 사회적 모습에 대해 작가는 능숙한 필치로 당시의 모습을 그려간다.

'숙자는 머리에 삼배 똬리를 얹고 벽에 못을 박고 광목 치마를 널어 뜨리고, 그 안에 남편을 모셨다. 아이는 삼베옷을 입고, 지팡이를 짚고는 아이고, 아이고 울음소리를 냈다.'

과거 50년대의 상청이 재현된다. 상청은 대상 때까지 망자의 혼백을 모시는 혼전이다. 사대부는 혼백을 모시는 방을 별도 마련했지만, 일반 가정에서는 대청마루 한편에, 마루가 없는 집은 작은 방안에 혼백을 모셨으며 망자의 제사를 지냈다.

1950년의 미의 기준은 어떠했을까. 시대에 따라 미의 기준은 달라지기 마련이다. 미도 시대를 따라가고 있었다. '네년의 코가 뺑코라서 내 아들이 죽은 거야! 숙자의 코는 오똑하고 길며 쌍꺼풀 눈에 입술은 얇은 편이나 늘 분홍빛이 돌았고, 피부는 백옥같이 희다.'

뺑코를 지닌 여자는 팔자가 센 걸일까. 팔자 드센 여자로 덧씌우기 했다. 시모에게 맞아 생긴 멍든 자국을 지우라고 옆집 노파가 준 달걀을 '얼굴은 무슨 얼굴이야, 달걀 양쪽에 구멍을 내서 단숨에 입으로 쪽쪽 빨았다. 껍데기 안쪽에 남아 있는 알끈도 싹싹 핥았다. 살 것 같았다.'

당시 허기진 생활상과 가난의 모습을 은유적으로 표현했다. 시모와의 갈등은 현실도피라는 기제로 해소된다. 부딪치지 않는 것이 가장 효과적인 방어기제였다. 그녀는 시모에게 매를 맞고, 애들 고모부가 이 굴레에서 벗어나게 하여 의정부 기지촌 근처에 정착한다.

　의정부의 그럴싸한 양식집에 취직했고, 이곳에서 방첩대라고 불리는 한국 군인을 만나 단 한 번 사랑의 결과로 아이를 가졌다. 아이를 지우기 위해 갖은 노력을 했으나 그녀는 실패한다.

　다시 불붙은 사랑은 계속되고, 방첩대는 전방으로 전출한다. 우연히 방첩대란 사내를 만나 원치 않은 임신을 하고, 사랑의 결실인 아이들 지우기 위해 '높은 곳에서 구르면 아이가 떨어진다. 그날부터 저녁이면 뒷산으로 올라가 아래로 굴렀다. ……. 간장을 먹으면 떨어진다는 말이 있다. 간장 한 대접씩 벌컥벌컥 마시고 토하고…….' 아이를 지우는 일에 실패하고, 출산한 이후, 아이의 출생신고에 대하여 '재현을 업고 출생신고를 하러 면사무소로 갔다. "현재는 어머니의 '동거인'으로 출생신고가 됩니다." "아버지가 있어야 '아들'로 출생신고가 됩니다."

　그 당시 사회 제도의 모순적인 현실을 그대로 받아들일 수밖에 없었다. 재현이라는 아기는 엄마의 동거인으로 삶을 시작한다. 숙자는 생계를 위해 미 군수품을 내다 팔았다. 양키 물건 장사였다. 미군 부대에서 흘러나온 미제 물품을 구매하여 판매하는 불법 장사였다. 주로 1960~70년대 미군 부대 근처에서 활발히 이루어졌던 시장경제였다.

　'파월에게 미제 장사를 같이하자고 제의했더니 오케이 했다. ……. 경찰이 숙자를 잡아갔다. 죄목은 미군 부대에서 나온 양담배를 허가 없이 팔았다는 것이다. ……. 경찰서에 나올 때 고모부의 돈이 많이 들어갔다는 걸 나중에야 알았다.' '… 59 후송병원을 찾아갔다. ……. 그곳에 없었고 서울 국군병원으로 이송됐다고 했다.'

　불법 군수물자를 팔다가 경찰에 걸려 고초를 겪었으나, 애들 고모부의 도움으로 빠져나온다. 이후 적극적으로 방첩대를 찾기 시작한다. '즈 아비에게 맡기는 것이 옳은 일'이라고 여겼기 때문이다. 아비 없는 자식이기에 혈육으로는 모자 관계이지만 사회 통념적으로는 동거인이 된다. 그녀는 이런 불합리한 것에서 벗어나려고 아이의 아비인 방첩대의 고향인 충북 단양으로 향한다.

그곳에서 그녀는 또다시 놀란다. 그이가 총각이 아닌 유부남이었으며, 전투에서 불구가 되어 고향으로 돌아온 지 얼마 지나지 않아 죽었다는 것이다. 이제 서로의 가면을 벗어나려 했지만, 다른 굴레가 그녀를 감싼다. '코가 오뚝하면 서방을 잡아먹는다'라는 속설이 그녀를 감싸안은 것이다.

3. 등장인물의 행동 표현을 통한 심리 분석

인물들의 내면적인 성격을 파악하기 위해 등장인물의 행동을 집중하여 분석하자. 숙자는 매번 갈등한다. 자신의 현실에 닥친 문제를 갈등 속에서 해결점을 찾으려 한다.

가. 시모의 심리 분석

작품 『가면』 속에 주인공 숙자는 본능적인 욕구인 사랑과 자유, 진정한 삶의 가치를 억누른다. 인간의 원초적 충동이요, 본능인 이드는 작품 가면에서 자신의 욕망을 때로는 충동적으로 표현하고 사회적인 가치는 사회적 금기로 표현하고, 자신을 스스로 설득하려는 기제를 보인다.

먼저 시모는 왜 그토록 며느리 숙자를 미워했을까. 시모는 '그녀를 늘 뺑코, 남편 잡아먹은 년'이라며 저주했다. 시모의 이드였던 원초적 충동은 무엇이었을까. 그녀의 화풀이에는 삶의 가치를 아들의 삶과 일치하려는 데 있다. 시모의 삶의 목적이 아들의 삶이었다. 그 당시 아들 선호 사상, 가부장제의 무너짐이 며느리를 미워하는 원인으로 작용했다. 그녀는 아들의 죽음이 며느리에게서 왔다고 생각하며, 그녀의 미모를 시기하는 이드에서 출발한다.

나. 숙자의 언어적 표현과 행동 심리적 분석

숙자는 시모와의 갈등 해소 방안으로 기존 질서에서 벗어나려 했다. 먼저 자신의 미모가 갈등의 주요한 요소라고 생각한다. 작가는 '미인 박복'의 개념을 의도적으로 말하려 하고 있다. 미모가 남편의 죽음과 시집에서 구박받을 이유가 아니라는 현실적 가치의 모순을 말하고 있다.

이웃집 노파마저 "새댁, 젊고 이쁜데 좋은데 찾아봐"라며 은연중에 재혼을 권한다. 당시에 재혼은 현실적으로 쉽지 않은 가치였으나, 숙자는 전쟁이 가져온 급격한 가치관의 혼란이 재혼도 합리적인 현실도피의 기제라 생각한다. 당시 양식당을 이용하는 사람들을 통해 '전시 중이라 불안한 마음이 고급 음식을 먹게 했는지는 모르겠다'라며, 간접적으로 세대 간 가치관 혼돈을 지적하면서 숙자의 도피 행위를 정당화한다.

숙자와 방첩대와의 만남도 당시의 윤리적 측면에서는 용납되지 않은 행동이지만 원초적 자아인 이드 앞에서는 움직일 수 없었던 본능이었다. 이드에서 깨어나 보니 다시 현실인 자아가 기다리고 있다. 그러나 그녀는 점차 현실에 동화되어 간다.

그녀에게는 처음부터 현대 과학적인 방법으로는 낙태할 수 없었다. 낙태 수술은 돈도 많이 들고 지방의 작은 병원에서는 수술이 두려웠기에 민간요법의 방법으로 아이를 지우려 했으나 실패하고, 씨 다른 아이인 아들 재현을 낳는다. 숙자는 아이를 통해 방첩대와의 정식 혼인 관계를 맺으려는 자아의 발현이 아니었을까.

다. 은반지의 상징성

그녀는 늘 왼손 약지에 끼고 있는 은반지, 그녀의 남편이 연애할 때 준 첫 선물이다. 새로운 남자 방첩대가 그녀에게 접근해 오던 날, 은반지가 등장하고, 소설의 마지막까지 은반지는 전남편의 굴레처럼 등장한다.

첫사랑의 증표가 무엇으로 남겼기에, 숙자는 자기 몸을 허락했던 그날에도 은반지를 닦아낸다. 남편에 대한 정조가 이 은반지 속에 담겨 있기에 그녀는 닦고 닦는다. 외간 남자와의 간통의 흔적을 지우려는 듯. 그녀는 첫 데이트 장소에서 은반지를 슬며시 빼서 주머니에 넣은 행위를 한다. 방첩대의 아이를 업고 방첩대가 살고 있는 단양의 집까지도 검은 때 국물이 흐르는 은반지를 끼고 갔다.

사별한 첫 남편과의 사랑을 못내 잊지 못하고, 다시 선택했던 방첩대와의 사랑도 거짓이 아니었다. 작가는 두 사람의 사랑을 병행하는 사랑이라 말하고 있다. 소설의 끝부분은 '하늘 멀리 쌕쌕이가 날아간 자리에 하얀 줄기가 길게 두 줄로 남아 있다.'로 마무리한다. 독자들이 첫사랑과 현실이 맺어준 사랑 중 어느 것이 더 깊은 사랑일까를 저울질할 때 저자는 '쌕쌕이가 남긴 하얀 두 줄'이라고 표현하고 있다.

주인공 숙자는 억눌렸던 감정을 어떻게 해소해 갈까. 시모로부터는 구박을 처음에는 현실도피 기제를 사용했다. '방첩대와의 식사 후, 그녀는 아카시아꽃이 피는 산길로 안내한다.' 바로 이드인 충동적 자아의 표현이었다. 현실과의 타협으로 자기 합리화를 꾀한다.

'아카시아 꽃향기 나는 쪽으로 더 가보자고 했던 것도 누구였나'. 그녀는 자신의 행동을 정당화는 시간이 지남에 따라 행동으로 나타나고 있다. 현실도피를 위해 아카시아 숲을 선택했다. 이곳에서 본능에 끌려 가면을 훌훌 벗어 버리고 만다. 전남편과의 사랑의 징표인 은반지는 현실의 두려움의 도피로 활용된다. 사별한 첫사랑을 끝까지 간직하고 싶은 욕망으로 은반지가 상징되었다.

　방첩대와 데이트를 하기 위해 양주로 가던 날 '숙자는 검지에 끼웠던 은반지를 슬그머니 빼내서 주머니에 넣었다.'

　이날 논두렁길에서 방첩대와 첫 진한 사랑을 나눈다. 개구리 울음소리가 심포니가 되고, 짙은 밤꽃 향기가 아카시아 향을 덮었다. 짧은 사랑은 곧 후회하게 되고 다시 깨끗한 몸으로 돌아오길 기대하며 씻고 씻어 낸다. 첫사랑을 끝까지 간직하고 싶은 욕망과 상징성이 은반지에 있다.

　그녀는 집에 오자마자 주머니 속에서 반지를 꺼내 치약과 융으로 문질러 닦고 닦았다. 은반지에서 전남편의 환상을 보는 듯이. 마지막 단양 집에서 아이의 잠든 얼굴을 보며, 손가락에 검은 물이 묻어 있는 반지를 돌리며 하늘을 바라본다. 사별한 첫 남편은 질긴 인연은 아직 끝나지 않았음을 상징하고 있다.

　라. 구리무(크림)의 상징성

　방첩대가 준 첫 선물은 구리무였다. 그녀는 구리무를 조금 찍어 얼굴에 바르고 나서는 '이런 구리무를 함부로 받아서는 안 되지' 하며 선반에 올려놓고, 돌려주려고 했지만, 그녀는 방첩대를 만날 때마다 구리무를 바른다.

　은반지와는 달리 구리무는 방첩대를 향한 사랑의 상징성이라 할 수 있다. 구리무는 방첩대를 향한 숙자의 끌림이요, 사랑의 증표와 같은 물건이었다. 아이를 보내기로 작정하고 방첩대의 고향인 단양으로 가는 날, 조금 남은 구리무를 죄다 펼쳐 바르고 빈 통을 쓰레기통에 던져 버렸다. 아마도 오늘의 만남을 끝으로 그간의 인연을 마무리하려고 하는듯하다. 방첩대와의 인연은 구리무를 다 펴 바른 것으로 끝이 났다.

4. 심리주의적 분석에 따른 작품의 이해

가. 심리주의적 측면에서 조명

　심리주의 비평을 『가면』 작품 속에 나타난 가면 놀이로 조명해 보자. 무의식과 억압된 욕망, 갈등과 이를 해결하려는 방어기제 등에 주목해 보자. 프로이트의 정신분석 모델(Id, Ego, Superego)과 융의 페르소나 개념을 이용하여 중심의 인물과 작가의 심리를 탐구하려고 한다. 융의 페르소나 개념에서 현대인은 무대 위에 선 배우처럼 살아간다. 현대인은 '괜찮은 사람' '열심히 사는 사람' ' 멋진 사람'이라는 가면을 쓰고 살아간다. 이런 모습이 '페르소나'이다.

　작품 『가면』은 '이드의 욕망'이며, '페르소나'를 의미한다. 주인공 숙자와 방첩대는 늘 괜찮은 사람으로 그려진다. 가면이 생활 전반에 덧씌워질 때 방향을 잃고 방황하게 된다. 작가는 주인공의 불륜적 행동에 가면을 씌워 본능적이며 페르소나를 씌워 행동하게 했다. 숙자 스스로 마음 깊은 곳에 숨겨진 원초적 본능, 이드(id)가 이들의 불륜을 합리화하며, 불륜마저도 본능적 삶이라는 사회적 가면인 페르소나를 쓰고 있다.

　'숙자의 저 깊은 속이 그걸 알고 싶지 않았던 걸까. 자신이 씌워 준 방첩대의 총각 가면, 그리고 방첩대도 숙자가 아이를 2명이나 있는 과부에게 예쁜 아가씨라는 가면을 씌우고 둘은 그 속에서 가면 놀이를 즐겨왔다.'

　작가는 사회적 금기 행동을 『가면』을 통해 인물의 일탈 행위를 합리화한다. '이건 사회적으로 용납되지 않는다'라는 도덕적 · 사회적 억압을 합리화해 왔다. 주인공은 스스로 자신의 욕망을 가면 속에서 합리화한다. 이런 과정에서 숙자는 자아를 회복해 가며, 자아는 이드와 초자아 사이에서 중재자의 소임을 수행에 간다.

'서로가 씌워서는 안 될 면을 서로 씌웠고, 둘의 가면 놀이는 여기서 끝난 것일까. ……. 감긴 눈 속에서 가면을 벗긴 방첩대의 진짜 얼굴이 확 다가왔다. 눈을 떴다.'

자아는 본능인 이드와 초자아 사이에서 중재자 임무를 수행했다. 작가는 가면을 통해 "나는 너의 욕망을 맞춰줄게, 하지만 금기마저도 시켜줄 수 있어"라고 자신을 설득하는 듯한 태도를 보인다. 이는 이중적 자아를 유지하면서도 정체성 분열을 겪게 되는 과정이라 할 수 있다.

나. 가면의 상징과 심리적 표현

'숙자는 갑자기 어지러웠다. 당연히 총각이라고 했는데. 그러고 보니 그와 만나서 부인이 있냐고 물어본 적이 없었다. 물어볼 기회도 없었지만, 알고자 했으면 얼마든지 알 수 있었다. 그동안 숙자의 저 깊은 속이 그걸 알고 싶지 않은 걸까. …….'

프로이트의 정신분석의 관점에서 숙자가 상대 남성을 '총각'이라 당연하게 받아들인 것은 본능적 욕망(Id)의 지배적 작용으로 이해될 수 있다. 어지러움이란 신체적 반응은 초자아의 개입을 보여준다. 자아(Ego)는 현실을 직시하기보다는 무의식적으로 회피하려 하며, 융의 분석심리학에서도 방첩대를 '총각'으로 전제한 것은 그 남성의 사회적 가면을 통해 총각으로 제시했다. 동시에 숙자는 '순수한 연애의 상대'라는 페르소나를 유지한다. 그러나 상대 남성의 '총각'이라는 가면이 벗겨짐과 동시에 숙자는 자신이 무의식적으로 그 가면에 동조해 왔음을 깨닫는다. "어지럼"은 곧 이 가면 붕괴의 심리적 충격을 상징한다.

심리주의 관점에서 '숙자는 갑자기 어지러웠다'라는 표현은 억압되어 있던 불안과 죄책감이 의식의 표면으로 솟구치는 순간이라 할 수 있다. 욕망과 도덕, 무의식적 회피와 현실 직시 사이에서 발생하는 내적 갈등이 심리적 균열로 드러나는 장면이다.

방어기제로서 투사가 합리화하는 것처럼, 주인공은 가면 안에 숨어서 불편한 감정이나 욕망을 본인도 모르게 변형해 표현한다. '대구에 아들 둘씩이나 있고 돈 벌면 데리고 온다는 그 밤의 생각은 어디로 갔나.', 숙자는 아이들 생각을 하지 않은 채 현실에 만족해한다. 현실에 적응하는 것이 옳은 일이라고 스스로 설득해 왔으며, 본능을 합리화한다. 가면 속에 숨겨진 본능과 사회적 관계의 조화를 위한 가면이 페르소나(persona)다.

자신의 진정한 욕망이 '비도덕적'이라 여겨지면, 주인공은 욕망을 무의식 속으로 감추거나 묻어두고, 가면을 통해 완곡한 방법으로 욕망을 드러낸다. 이런 과정은 자아가 이드를 억압하고, 동시에 초자아를 따라가는 일련의 과정에서 생겨나는 내적 분열이나 피로이며 무의식적인 자기기만의 표출이다.

가면을 계속 쓰다 보면, 본래 자아(Self)가 점점 소외되고 정체성 위기가 생기며, 고립감과 공허감을 느낀다. 이는 자아-페르소나의 딜레마, 혹은 내적 분열로 이어지며, 결국에는 '진짜인 나'와 '투사된 나' 사이에서 괴로워하게 된다. 즉 카다르시스적 갈등 해소를 한다. 억눌린 트라우마를 의식화하고 이를 해소함으로써 행복감을 증진하려고 한다. 마음속에 억압된 감정의 응어리를 언어나 행동을 통하여 외부에 표현함으로써 정신적, 정서적으로 안정을 되찾아간다.

다. 소설의 핵심 주제인 '가면'에는 무엇을 숨기고 있을까?

심리주의적 측면에서 작품 속 인물의 무의식, 억압된 욕망, 심리적 갈등을 주목해 보자. 작가는 자신 속 무의식에 내재한 사랑을 가면에 빗대어 이야기하고 있지만, 그 내면에는 자신의 진짜 모습을 감추고 살아왔던 심리적 방어기제가 작동되고 있다.

○ 『가면』은 억압된 자아의 상징을 나타낸다. '가면'은 프로이트의 이드(Id)가 요구하는 본능적 충동과 초자아(Superego)의 사회적 요구 사이에서 타협을 꾀하는 자아(Ego)의 상징적 표현으로 볼 수가 있다. '자신이 아닌 모습'으로 살아가야 하는 내면의 갈등을 느끼면서 자아와 초자아 간의 긴장으로 몰아가고 있다. 정리하면

- 인간 욕망을 억압과 방어기제를 사용하고 있다.
- 본능적 욕망은 가면 앞에서 억압되고 숨겨졌다. 정체성 위기로 내면적 고통은 무의식에 억압되었던 욕망과 감정이 가면에 가려 내적 불안을 유발하고 있다.
- 초자아적인 도덕과 사회 규범은 가면 속에 가려 준수되고 있다.
- 이드와 초자아의 중재 가면을 통해 갈등 완화를 시도하며, 진정한 자기를 찾으려는 욕망을 표출하고 있다.

○ 무의식적인 자기기만이 담겨 있다. 주인공은 가면을 쓰고 있는 자신이 진짜 자신이 아님을 알면서도 처음에는 벗을 수 없다는 내적 딜레마에 빠진다. 이것은 융(C.G. Jung)의 '페르소나' 개념과 연결된다. 페르소나는 사회적 역할 수행을 위한 '가면'이며, 지나치게 동일시하면 진정한 자아(Self)와는 단절된다.

○ 가면 뒤에는 불안과 공허가 숨겨져 있다. 소설의 분위기는 고립감, 허무감, 자아 정체성의 위기로 이어진다. 자아를 외부적 기준에 맞춰 살아가며 내면의 진정한 자아가 침묵하고 억압되고 고통으로 이어진다. 자아를 가면 속에 숨기고 사회에 적응하려 하지만, 그 안에는 소외된 자아의 고독한

외침이 있다.

○ 『가면』은 내면 심리의 자화상이다. 단순한 사회적 위선이나 위장을 넘어서, 인간의 무의식 속에서 작동하는 방어기제와 사회적 자아와 본래 자아 간의 갈등을 섬세하게 묘사하고 있다. 심리주의 관점에서 자아 정체성의 혼란, 억압된 자아의 슬픔, 더불어 진정한 자신을 찾고자 하는 무의식적 욕망의 발현으로 읽힐 수 있다.

5. 결론

가. 주제의 상징성 의미

작품 『가면』은 사회적인 가면을 의미한다. 작가는 가면이란 방어기제를 활용하여 개인이 외부 사회와의 관계를 감추기 위해 착용해 왔던 일종의 방어기제이며 사회적 질타를 감추기 위해 사용해 왔다. 작가는 사랑이란 감정마저 사회적 기대에 맞춰가야 했으며, 이런 과정에서 주인공 본연의 모습을 숨기고 있다. 숙자는 이런 가면에 길들어져 갔음을 늦게라도 깨닫게 되는 과정을 사실적으로 묘사했다. 『가면』은 단순한 개인의 사랑에서 벗어나 인간이 사회 속에서 지속적으로 자신을 숨기며 변화해 가는 모습을 표현하고 있다.

나. 글 구조와 문체 스타일

작가 하헌태의 문체는 매우 응축적이고 직설적이다. 그의 글에서는 감정의 억제와 상황을 그 시대에 맞게 표현하려 노력했다. 상청(喪廳)과 구리무 등 사실적인 당시의 표현 기재를 활용하고 있다.

PX를 통해 군수 물품이 시중으로 흘러나오며, 아이를 떼기 위한 50년대의 방법, 호적 기재 방법 등은 작품의 긴장감을 높이며, 작가의 글솜씨를 자랑한다. 작가는 다양한 상징과 은유를 통해 이야기를 이끌어 가고 있으며, 독자에게는 깊은 사고 과정을 요구한다. 단순한 이야기의 기술보다는 독자에게 심리적이고 철학적인 측면을 강조하면서 주인공이 경험하는 내적 갈등을 통해 독자의 지난 삶을 마주할 수 있게 표현하고 있다.

다. 인물의 갈등

숙자는 가능한 내부의 갈등을 숨기려 한다. 내부적 갈등을 통해 새로운 삶의 형태로 나아가며 이런 과정에서 내재한 정통적 가치관과 충돌을 자기합리화를 추구하면서 해소하려고 한다. 갈등은 사회적 기대를 충족시키기 위해서 스스로에게 가해지는 억압을 이겨내면서 점차 실종되는 본래의 자아를 지켜가려고 한다. 주인공은 점차 자신의 진정한 자아를 회복해 가는 과정이 작품의 중요한 축을 이루고 있으며, 이런 일련의 과정은 독자에게도 혹시 가면을 쓰고 살아가고 있는 자기 모습을 돌아보는 계기를 마련해 주고 있다.

라. 문학적 가치

하헌태의 『가면』은 현대 사회에서도 인간에게 감추어진 내면적 문제와 의미를 고민하게 하는 작품이다. 작품은 심리학적, 사회적 맥락을 넘어서서 인간의 양면성에 대한 본질적인 질문이 있게 된다. 이러한 깊이 있는 탐구는 독자에게 큰 여운을 남기며, 작가는 작품을 통해 상징적 표현을 통해 문학적 완성도를 높였으며, 사회적 가치를 되새겨 볼 수 있다는 점에서 큰 의미를 지닌다.

『가면』은 자아와 사회적 변화에서의 갈등, 내면의 억압, 그리고 정체성의 혼란을 주제로 한 작품이며, 작가의 특유한 심리적 깊이와 사회적 비판이

신인 문학상(문학평론)

잘 반영하고 있다. 이 작품은 오늘날 가면을 쓰고 살아가는 우리들 모습에도 반성과 질문을 던져주고 있으며, 사회와 인간의 내면적 갈등에 대한 깊은 성찰을 제시하는 문학 작품이라 할 수 있다.

김원규 | 아호 동촌, 시인 · 수필가
· 서울시교육청 장학사, 교육연구관, 대천임해교육원 원장, 서울시과학전시관 교육연수부장 역임, 서울창림초등학교, 서울동의초등학교 교장 역임 · 구로구 청소년문화집 관장 역임, 실버넷뉴스, 채널A뉴스 기자, 사)한국적성찾기국민실천본부 공동대표, 한국문예작가회 지도위원
· 국무총리표창, 황조근정훈장, 한국문예 수필부문 신인상, 한국문예 수필문학대상

심사평

평론은 문학 발전에 기여하는 장르다.

한국문예 제12호에 김원규 작가가 문학평론 부문에 응모하였다. 응모한 작품은 단편소설 "가면의 심리주의적 분석과 시대상의 조명"이다. 원래 문학평론은 시, 소설, 시조, 수필 등에 작품을 놓고 분석하고 새로운 해석 하고 올바른 평가 내려야 하는 분야이다.

응모작은 한국소설가협회가 주관한 2023년도 제74회 신인상 당선작으로 작가가 72세 때 뒤늦게 발표한 늦깎이 작품이다. 이 작품은 6.25를 배경으로 했고, 주인공 숙자는 남편과 사별한 청상과부다.

자식을 두 명이나 두었으니, 재혼하기도 힘든 상태이다. 더욱이 시모와의 갈등은 봉합하기 힘든 조건이다. 시어머니는 "네년의 코가 뺑코라서 내 아들이 죽은 거야"라고 하면서 갈등을 심화시킨다.

그 후 주인공은 생계를 위하여 의정부에 있는 양식집에 취직하면서 다른 남자를 만나게 된다. 방첩대라는 군인을 만나면서 다시 임신하게 된다. 아이 이름이 재현인데, 출생신고 안 되어 동거인으로 살게 된다.

여자는 미 군수품을 내다 팔다가 걸리게 되고, 방첩대와도 헤어지게 된다. 그 방첩대라도 오래 살았으면 다행인데, 충북 단양으로 찾아갔을 때는 죽었다는 소식이 기다리고 있었다.

가면의 은유와 상징성 : 작품 『가면』속의 주인공 숙자는 본능적 욕구인 사랑과 자유, 진지한 삶의 가치를 억누른다. 작품 『가면』에서는 자신의 욕망을 충동적으로 표현한다. 이 충동적으로 표현하는 행위야말로 가면을 쓴 행위다. 그러기에 작품 가면은 사회적인 가면을 의미한다.

은반지의 상징성 : 그녀의 남편과 연애할 때 준 정표이다. 은반지는 전남

편의 굴레처럼 등장한다. 전남편의 상징물처럼 작가의 행위를 따라다닌다.
구리무(크림) : 방첨대가 준 선물은 구리무였다. 방첨대를 향한 강한 사랑의 상징이다.

　이상에서 얻은 결론을 종합하면 다음과 같다.

　작가 김원규는 평론 공부를 깊이 있게 했다고 본다. 특히 이론적으로 무장한 것으로 보인다. 은유나 상징법을 썼는데 이런 것은 시나 시조에서는 흔히 보이는 수법이지만 소설에서는 적용하기 힘든 수사법이다.

　특히 하현태의 작품을 세밀히 분석하고 해부한 점은 평론가로서 자질이 돋보인다고 생각되기에 이번에 응모한 작품을 당선작으로 선정한다. 앞으로 작품 평을 많이 해주셔서 우리 문학 발전에 선도적 역할을 해주시기를 바라면서 이만 심사평을 마친다.

　　　　　　　〈심사위원 : 원용우(글) · 김종상 · 정순영 · 서병진〉

당선소감

평론 문학의 길에서
작가 정신을 찾겠습니다.

김원규

　가을장마가 뜨겁게만 달구었던 아스팔트의 열기, 마치 숨이 넘어갈 듯한 더위를 한 번에 식혀주었습니다. 들녘은 가을 본연의 색으로 물들어 가며, 한해의 열매를 맺어 가고 있습니다. 세월의 빠름을 실감하면서 계절이 주는 의미에 맞춰 아름다운 글을 써야겠다는 욕구에 사로잡힙니다.
　단편소설 『가면』은 시대적 배경과 내용이 나의 어린 시절이었기에 공감이 많이 가는 소설이었습니다. 작품 안에서 꾸준히 작가와 내면적 대화를 시작했습니다. 반복하면 할수록 작가의 내면을 새롭게 찾을 수 있는 즐거움에 빠져들었습니다.
　처음 써 본 평론의 입상 소식은 사색하면서 더욱 정진하라는 채찍이라 여겨집니다. 다시금 내 문학의 세계를 넓고 깊게 하겠다고 스스로 다짐해 봅니다.
　제 평론에 심사와 관계자 모든 분께 진심으로 감사의 마음을 전해 올리며, 투병 생활 속에도 용기를 잃지 않게 격려와 도움을 준 아내와 가족에게도 감사의 마음을 전합니다. 이번 신인상은 내 문학의 전환점이 될 것입니다. 이제 다시 출발점에서 문학이 더 진솔하며 자연과의 교감하는 작품의 세계로 빠져들려 합니다.
　신인상은 나에게 새로움을 안겨 주었습니다. 처음 쓰는 평론을 계기로 다양한 문학 영역을 깊이 고뇌하면서 글을 넓혀 나가겠습니다. 평론이 완성될 수 있게 작가 하헌태 님께서 2023년 2월호 「한국 소설」지를 선 듯 보내주셔서 쉽게 작품을 대할 수 있었습니다. 감사합니다.

다시 한번 신인상을 주신 심사위원님과 서병진 회장님께 깊은 감사를 드립니다. 『한국 문예』지의 큰 발전을 기원합니다.

신인 문학상(문학평론)

만해 한용운 연보로 본 일생과 시평(詩評)

송영기

　만해 한용운은 불교와 독립운동과 문학에 두루 조예가 깊고 큰 업적을 남긴 큰 스님이시지만, 시인으로서도 너무 고명하여 우리나라 사람은 모두 다 잘 알고 있지 않습니까. 독립운동을 한 스님은 사진에 남은 삭발한 둥근 머리와 회색 승복을 입고 신라 거리를 다니는 분 같은 수식어일 뿐이고, 대중들은 오히려 수준 높은 시인으로 기억될 것으로 생각한다.
　그런데 스님의 연보를 살펴보면 대단히 다이나믹한 삶을 사신 분으로 평범하지 않은 일생이었으며 흥미가 있고 새로운 모습이 보여 친근하고 인간적인 분이다.
　우선 만해 한용운(1879 ~1944, 향년 66세) 선생님의 발자취 대강을 돌아본다.
　지금으로부터 145년 전, 1879년 8월 29일(고종 16년 己卯 음력 7월12일)에 충남 홍성군 홍성읍 오관리에서 종오품(從五品) 충훈부 도사(忠勳府都事)인 아버지 청주 한씨 한응준(韓應俊)과 어머니 창성방씨(昌城 方氏) 의 차남(次男)으로 태어났다. 그의 어릴 때 이름 즉 출가하기전 속명(俗名)은 한유천(韓裕天)이며 자(字)는 정옥(貞玉)이다.
　한용운 선생은 누대(累代)의 사족(士族)으로 조부 한영우(韓永祐)의 벼슬은 훈련원 첨정(僉正)으로 종사품(從四品)이고 증조부 한광후(韓光厚)는 지중추부사(知中樞府事)로 품계가 정이품(正二品) 고위 관직이었다.

훗날 만해가 출가한 지 얼마 되지 않아 고향의 아버지와 형은 창의대장(倡義大將) 민종식(閔宗植)과 함께 정산(定山)에서 의병(義兵)을 일으켜 남포와 홍주를 점거하였으나 중과부적으로 패하였다고 한다.

그는 어려서부터 총명이 뭇사람을 뛰어나 재동(才童)으로 유명하였으니, 6살에 서당(書堂)에서 한문(漢文)을 수학하고, 9살에는 중국 한문으로 된 〈서상기 西廂記〉, 〈통감 通鑑〉, 서경의 〈기삼백주 朞三百註〉 같은 책을 섭렵했다 할 정도로 매우 조숙한 신동이었다.

이 사실 하나만으로도 벌써 우리 현대인의 삶과 살아 온 나날을 돌아보고 비교해 봐도 만해 선생님은 참으로 용감하고 학구열이 대단했으며 비범한 인물이다.

그는 14살에 천안 전씨인 전정숙(全貞淑)과 혼인을 하였고, 18살에 숙사(塾師)가 되어 동종(童蒙)을 가르치면서 탐관오리의 침탈에 시달리는 민중을 구출하려는 생각으로 동학당 운동에 가담하고, 고향인 충남 홍성 일대에서 의병이 되어 활동하였으나 실패하여 19살에 고향을 떠나 법주사, 월정사, 백담사 등 여러 절로 거처를 옮겨가며 정착하지 못하다가 고향으로 돌아왔다. 24살 때 일본의 침략이 점점 심해져 자주독립을 더욱 공고히 하려는 뜻을 품고 결연히 집을 떠나 다시 26살에 설악산 백담사로 돌아가 아예 출가하여 불문에 들어갔다.

출가한 26살 그해 12월에 맏아들 '한보국'이 태어났 는 데, 출가하기 전 고향 집에 있을 때 이미 잉태한 자식이다. 스님은 줄곧 대처승(帶妻僧)으로 살았으며 '승려도 사랑을 하여야 한다'는 주장을 하였다. 하지만 그때나 지금이나 (태고종과는 달리) 정통 조계종에서는 받아지지 않는 주장일 뿐 용납은커녕 오히려 일언지하에 배척될 수도 있다. 그러나 이런 모습에서 우리 일반인은 어딘지 인간적인 모습을 느낄 수 있지 않겠나 여겨진다.

그런데 운허 용하(耘虛 龍夏) 선사(禪師)가 찬(讚)한 '만해 용운당 대선사 비문(萬海龍雲堂大禪師碑文)'에 의하면 만해가 출가한 연도가 26세가 아니고 그 이듬해라고 한다.

즉 27살 1월에 강원도 백담사 김연곡(金蓮谷) 화상(和尚)으로부터 득도하니 계명(戒名)이 봉완(奉琓)이며, 후에 강원도 건봉사(乾鳳寺) 만화선사(萬化禪師)의 법(法)을 이어받아 법호를 용운(龍雲)이라 하였고, 아호를 만해(萬海)라 하였다. 이로써 태어나 부모가 지어준 속세의 이름 〈한유천〉을 버리고, 지금까지 〈만해 한용운〉이란 승려 이름으로 구각을 벗고 다시 살게 되었으니, 우리 모두 한 속인(俗人)을 잊었다.

28살에는 블라디보스톡에 견문을 넓히려고 여행 갔었는데 일진회 첩자로 오인받아 고초를 당했고, 33살 때는 만주를 여행하다가 또 일본 첩자로 오인 받아 총을 맞고 죽을 고비를 넘겼다 합니다. 이때 머리뼈에 맞은 총알 파편이 일부 남아서 일생동안 머리를 흔드는 '체머리(풍두선)'증세를 가졌다 합니다. 기록이 있기에 이 사실도 알지 '야인시대' 등 드라마로 봤을 때도 그런 모습은 거의 보지 못했다.

32세 때 〈조선불교유신론〉을 백담사에서 탈고하였는데, 34살에는 또 '불교 대전'을 편찬코자 통도사에서 그 방대한 한문으로 된 고려대장경(1,511부 6,802권) 을 열람했다 하니 이 또한 참 경이롭다. 어려서 서당에서 한문을 잘 배웠기 때문에 가능한 일이지요. 물론 우리나라 큰 스님들은 모두 세속의 박사와 같은 수준으로 한문이나 한시에 깊은 내공을 가지고 있다.

35살에는 이미 32살 때 탈고한 〈조선불교유신론〉을 발행하였고, '조선불교회' 회장직에 취임했다.

제가 보기에는 여기까지가 스님 일생의 1기쯤으로 선을 긋고 싶으며, 그리고 이제부터 새로운 삶의 획기적인 2기로 보고 싶다.

39살(1917년 12월 3일)에 설악산 백담사 오세암(五歲庵)에서 안거(安居)할 때 캄캄한 밤중에 좌선하고 있었는데, 바깥에서 갑자기 바람에 물건이 탁 떨어지는 소리를 듣고 깨달음을 얻으니, 스님은 오도송(悟道頌)을 읊었다. 마침내 한소 식을 한 것이다.

 이 오도송보다 훗날 12년 후 47살 때 지은 〈님의 침묵〉도 만해 한용운의 대표적인 시로 우리 모두 줄줄 외워 모르는 사람이 없지만, 오도송은 선사들이 수십 년 동안 수행한 '정신의 결정체'이고 '문자 사리'라고 하는 데, 큰 스님이 된 만해 스님의 돈오돈수頓悟頓修의 오도송은 이러하였다.

男兒到處是故鄕　　남아가 가는 곳 어디나 고향이건만
幾人長在客愁中　　그 몇이나 나그네 싫으며 잠겨 있던가
一聲喝破三千界　　한소리 할을 질러 삼천대천 세계를 부수니
雪裏桃花片片紅　　눈 속의 복사꽃이 조각조각 붉었더라.

(* 片片飛 –〉 片片紅 : 눈 속에 복사꽃 분분히 날리네 –〉 눈 속의 복사꽃이 조각조각 붉었더라 / 추남 덕숭산 수덕사에 주석하신 송만공 宋滿空선사 (1871–1946, 향년 75세)는 만해의 도반(道伴)이며 지기(知己)로 오도송 시문을 듣고 말구(末句) 한 글자를 비(飛)에서 홍(紅)으로 고쳐주며 조언하기를, 그러면 한시(漢詩)의 운자(韻字)도 맞고 시구(詩句)의 색채 대비도 되어 좋다고 해서 그리 받아들였다.

 41살(1919년 1월)에는 최남선의 〈독립선언서〉의 자구를 수정해 주고 〈공약 3장〉을 추가했으며, 3월 1일에는 서울 태화관에서 33인을 대표하여 독립선언서를 낭독하고 일경에 체포되었고, 9월에 유죄판결을 받았다. 그리고 10월 30일에는 경성복심법원에서 3년 선고를 받았다.

 42살에 3.1운동 참회서를 내면 사면해 주겠다고 회유하였지만 거절했지

신인 문학상(문학평론)

만, 다행히 그 이듬해 12월에 출옥하였다. 47살(1925년 8월)에 백담사에서 〈님의 침묵〉을 탈고하고, 그 이듬해(1926〈48세〉에 시집 〈님의 침묵〉을 발행했다.

51살(1929년)에 조병옥, 송진우 등 여러 인사들과 '광주학생의거' 전국 확대 민중대회를 개최하였다고 한다. 53살에 잡지 〈불교〉를 인수하여 사장이 되었고, 54살(1932년)에 투표에서 최고 득표로 '불교계 대표 인물'이 되었으며, 그해 12월 일제의 황민화정책 아래에 유명 인사 매수를 위하여 식산은행이 성북동 국유지를 만해에게 주겠다면서 유혹했으나 거절했다고 함.

첫 부인과 이혼한 만해는 55살(1933년 10월)에 간호사인 유숙원(兪淑元)과 재혼하였고, 슬하에 딸을 낳았다. 그 해에 성북동에 벽산 스님이 집 지을 터를 만해에게 기증하고, 방응모, 박광등 여러 우국 인사들의 성금으로 심우장(尋牛莊) 집을 지었다.

흔히 일제총독부를 보지 않기 위하여 심우장을 남향이 아니라 북향(北向)으로 짓고 살았다고 세간에 널리 알려졌지만, 사실 그것은 와전된 것이고, 오로지 그곳의 지형(地形) 때문이었다고 만해 스님의 딸이 말했다고 한다.

1981년에 성북동 심우장에 만해기념관을 개관했지만, 1990년에 남한산성으로 기념관을 이전, 1998년 5월 20일 확장 개관했으며, 만해의 유품 등을 체계적으로 수집한 전보삼 교수가 관장이다.

만해기념관 전보삼 관장을 2년 전 여름 한국문예작가회 여주 연수원 가는 길에 들러 관람을 한바 있다. 오늘 여기 강의에 참석한 인송 오호현 친구와 그때 남한산성에서 그분을 만난 적이 있었다. 나의 명함에서 경북 김천고(金泉高) 출신임을 알고, 만해 한용운과 김천고등학교(김천고보) 설립자 최송설당(崔松雪堂)여사의 학교 재단법인 설립에 조언을 했던 비사를 제게 말해 주어 처음 알게 되었다.

즉 고종(高宗)/엄비(嚴妃)의 수상궁(首尙宮)이자 영친왕(英親王)의 보모였고 하사한 서울 코오롱 빌딩 근처 무교동 대저택에 사시던 최송설당 여사는 말년에 재산을 몽땅 정리하여 사찰(해인사)에 전부 기증할 생각으로 성북동 심우장 만해에게 가서 상의하였다.

만해는 절은 이미 부자이고 그곳에 전각을 지은들 뭐할거냐. 그리고 그 절에는 친일 스파이들이 많으니 소용없다. 차라리 거금을 육영사업에 쓰고, 장차 이 나라를 살리는 동량영재(棟梁英才)를 길러라 고 조언하며 극구반대 해서 마침내 방향전환을 했다고 말했다. 이는 만해 한용운의 교육관이고 이 나라의 장래를 생각하는 그의 백년대계 였다. 교주 최송설당 여사의 이념도 교육으로 동량영재(棟梁英才)를 육성하는 것이었다.

만해는 61살(1939년 8월 26일)에 서울 청량사에서 회갑연을 했고, 62살(1940년)에 창씨개명 반대 운동을 하였다.

끝으로 66세(1944년 6월 29일)에 성북동 심우장에서 입적하니 다비(화장)를 한후 중랑구 망우리 공동묘지에 안장하였다.

위에서 간단히 살펴본바와 같이, 학승(學僧)이자 큰스님이요, 독립운동가 였으며 시인이었던 만해 한용운 선사의 향년 세수는 66세, 출가하여 스님이 된 법랍은 39년으로, 한 세상 사나이로 잘 사셨다.

그리고 이 나라는 만해스님이 가신지 1년후 그 이듬해 1945년 8월 15일에 마침내 광복이 되었고, 오늘날 대한민국은 2025년 2월 현재 세계 10대 경제 대국이 되었다.

이상 만해의 일대기를 개략적으로 살펴 보았는 데, 그는 선사(禪師)요 독립운동가였지만 아울러 족적을 남긴 시인이었다. 그는 증조부, 조부, 부친이 조정에 벼슬한 사대부 집안 차남 으로 수학한 수재였고, 그시대를 살았던 보편적인 지식인의 하나로 유불선(儒佛仙) 세가지 전통적 동양인의 사상

신인 문학상(문학평론)

이 어려서부터 내면에 체화되어 있었을 것이다.

그의 시집 『님의 침묵』에 수록된 94편의 시는 당신이라는 님과 사랑, 헤어짐, 기다림, 그리움 등으로 '한용운' 이란 작가의 이름을 숨기고 시를 읽는다면 아마 현대인이 쓴 시가 아닐까 생각이 들 것 같다. 그리고 수도자인 승려가 지었을 것이라는 것은 생각지 못할 것이다.

그의 시는 화자가 애절한 남·녀의 심정으로 쓴 일응 사랑의 시로 보이지만, 한 시대 전 '만해 한용운'이라는 지식인의 시로 다시 읽을 때는 그가 말한 당신이나 사랑은 일반적인 남녀간의 연정이 아니다. 그것은 개인의 그가 처한 나라와 백성, 빼앗긴 조국, 시대적 아픔이며 국권회복이요 광복 독립인 것이라고 그의 '외재적(外在的)' 접근으로 해석해야 한다.

그렇게 대입해 볼때 만해의 시에 내재해서 흐르는 은유의 서사에 부담없이 접근 할 수 있을 것이며, 또한 깨달음을 얻은 선사(禪師)가 늘 상 시중(市中) 저자거리의 애절하고 간절한 정념(情念)으로만 시를 쓸 수는 없는 것이기 때문이다.

여기서 만해의 시 5편을 읽어 보자.

여름밤이 길어요

당신이 계실 때에는 겨울밤이 짧더니 당신이 가신 뒤에는 여름밤이 길어요. 책력의 내용이 그릇되었나 하였더니 개똥불이 흐르고 벌레가 웁니다.

그러나 당신이 오시면 나는 사랑의 칼을 베어서 일천토막을 내겠습니다.

꽃싸움

당신은 두견화를 심으실 때에 "꽃이 피거던 꽃싸움하자"고 나에게 말하였습니다.

꽃은 피어서 시들어 가는 데, 당신은 옛 맹세를 잊으시고 아니 오십니까.
————————
꽃은 피어서 시들어 가는 데, 다신은 옛 맹세를 잊으시고 아니 오십니까.

오셔요

오셔요, 당신은 오실 때가 되었어요, 어서 오셔요.
당신은 당신의 오실 때가 언제인지 아십니까.
당신의 오실 때는 나의 기다리는 때입니다.
——————
나는 나비가 되어서 당신 숨은 꽃 위에 가서 앉겠습니다.
——————
당신은 나의 품으로 오셔요. 나의 품에는 보드라운 가슴이 있습니다.

쾌락

님이여, 당신은 나를 당신 계신 때처럼 잘 있는 줄로 아십니까.
그러면 당신은 나를 아신다고 할 수가 없습니다.
————————
당신이 나를 두고 멀리 가신 뒤로는 나는 기쁨이라고는 달도 없는 가을하늘에 외기러기의 발자취만치도 없습니다.
————————

신인 문학상(문학평론)

나는 당신이 가신 뒤에 이 세상에서 얻기 어려운 쾌락이 있습니다. 그것은 다른 것이 아니라 이따금 실컷 우는 것입니다.

고대(苦待)

당신은 나로 하여금 날마다 날마다 당신을 기다리게 합니다. 해가 저물어 산그림자가 촌집을 덮을 때에 나는 기약없는 기대를 가지고 마을 숲 밖에 가서 기다리고 있습니다.

――――――――

당신은 나로 하여금 날마다 날마다 당신을 기다리게 합니다. 어둠의 입이 황혼의 엷은 빛을 삼킬 때에 나는 시름없이 서서 당신을 기다립니다.

――――――――

나의 '기다림'은 나를 찾다가 못찾고 저의 자신까지 잃어버렸습니다.

이상 열거한 5편의 시를 시공(時空)을 초월하여 이웃집 어느시인의 이름으로 발표하면 독자들은 그리움 가득한 기다림의 연정(戀情)시로 손색없이 읽을 것이다.

그러나 동일한 시를 한세기 전에 쓴 나라 잃고 노심초사 동분서주하는 승려·독리분동가·시인의 이름을 표기해서 주어 읽게 하면 화자가 말하고 있는 내면의 소망이 무엇인지 파악될 것이다.

송영기 | 아호 : 도운(都雲), 유산(楡山), 충북 영동군 추풍령면 출생
· 경북 김천고 졸업, 국민대학 법학과 졸업, 고려대 경영대학원 이수
· 천경해운(주)1979년 입사, 와이케이 쉬핑(주) 대표이사, 글로벌뉴스통신 기자, 시조시인
· 한국문인협회, 현대시인협회, 영동문학, 천성문학 회원, 맥향문학회 회장(전), 이목회 회장(전), 강북문협 부회장(전), 문학그룹 샘문 부이사장, 한국문예작가회 부회장.
· 좋은문학창작예술인협회 신인문학상(2017.3), 샘문 수필 최우수상, 샘문(샘터문학)시조부문 대상(제10회), 신문예 본상 수상(제10회), 한국문예기행문학상(2020, 2022, 2024), 한국문예시조부문 대상(2022), 천등문학상 본상(2022), 한용운 문학상(시조부문 우수상, 2022)
· 저서 : 송영기 시조집 『중천 높이 걸린 저 달』 푸른사상 2018

심사평

작가 연보를 통한 작품 가치 언급

 사상이나 감정을 언어로 표현한 예술인 문학작품의 구조 및 가치를 작가의 창작 방법과 세계관의 일정한 기준과 관점에 따라 검토하여 판단하는 작가론과 문학사론 또는 평전과 시대의 풍속 변화에 따라 작품의 주제와 형식과 문학의 사회적 영향과 세상 만물의 색깔과 감정의 변화에 대한 작가의 문학적 성과를 논급하는 문학평론 부문에 송영기 시조 시인의 "만해 한용운 연보로 본 일생과 시평"을 기대 찬 눈길로 선정합니다.
 송영기 시조 시인은 이미 문학적 역량을 한국 시조 시단에서 널리 중진으로 알리고 있어, 자칫 문학평론이 문학작품에 관하여 엄격하게 체계적으로 서론 본론 결론으로 논술하여 학술적 연구 논술로 그 가치를 잃는 염려를 접어둘 수 있기 때문입니다.
 문학작품에 대한 엄격하고 열성적 애정을 가지고 작품을 통해서 작가를, 작가의 연보를 통해서 작품의 예술적 가치를 언급하는 "새로운 창작의 영역"으로서의 문학비평의 성과를 이루시기를 기대합니다.

〈심사위원 : 정순영(글) · 오동춘 · 조성국 · 서병진〉

당선소감

따뜻한 제안의 덕분

송영기

　금년 일찍이 서병진 회장님, 나영봉 총장님과 셋이 예와 같이 조촐한 식당에서 막걸리 한잔하는 중에서 회장님이 내게 문학평론가 심사요청 원고를 제출해 보는 게 어떻겠냐고 넌지시 말했다.
　왜냐하면, 지난번 수원 갈비 스토리 음식점 모임 행사에서 문학 세미나 할 때 강사로 준비하여 발표한 강의 내용이 괜찮으니, 앞부분과 뒷부분에 서사를 더 추가 보완하면 좋은 문학평론 심사 제출 원고가 완성될 거라고 격려하셨다.
　그때 그러시냐고 가볍게 호응 답변하였지만 한창 잊어버리고 있었는데, 근자에 술자리에서 담소하는 중에 그것을 다시 상기시켜 주셔서 나는 '의미 있다'고 생각하여 돌아와 몇 날 며칠 고심하며 원고 완성을 서둘렀다.
　그래서 지난번 준비한 강의 원고에 자료를 보충하고 첨삭 완성하여 한국문예 가을호 출판에 제출하였더니, 얼마 지난 후에 '문학평론가 심사에 통과하였다'라고 알려주시며, 당선 소감문을 써 제출하라! 다시 재촉하였다.
　따라서 이번에 문학평론가로 당선된 것은 시조 시인 서병진 회장님의 안목(眼目)과 거듭한, 따뜻한 제안의 덕분이라 생각되어 감사드리고, 또한, 존경하는 시인 정순영(전 세종대 석좌교수) 심사위원장님과 심사위원에게 감사의 말씀을 드립니다.

특집

한국문예작가회
문학세미나 및 특강

김원기 | 자연에서 문학 소재를 찾아가자

이규원 | 詩의 構想과 名詩 쓰기

김승범 | 탐라어(제주어)는 어떻게 사라지게 되었나?

한국문예작가회

자연에서 문학 소재를 찾아가자

김원규

자연과 문학은 불가분의 관계다. 문학인들은 숲을 소재로, 혹은 자연을 소재로 하여 글을 써왔다. 숲이나 자연이 없다면 인간은 감성은 발달할 수 없으며, 글감에도 메말라 있기 쉽다. 작가는 직접적으로 자연을 노래하지 않더라도 글 속에는 은연중 자연과 숲, 풀과 나무를 노래하기도 한다.

자연은 인간의 감흥을 일으키는 촉매제의 역할을 하고 있으며, 글감과 시의 소재를 제공해 준다. 이런 점에서 자연과 문학, 자연과 나무, 숲과 꽃과 풀은 어떻게 문학의 소재가 되어 주었으며, 어떤 형태로 작품에 녹아 있는지 살펴볼 필요가 있다. 문학의 장르에서 자연과 숲이 어떻게 인용되고 활용되었을까. 체계적인 연구 결과를 찾기가 쉽지 않았다.

1. 문학의 정의

문학(文學)은 언어를 도구로 삼아 새로운 의미를 창출하고 인간과 사회를 진실되게 묘사하는 예술이다. 예술로서의 문학을 문학예술 또는 문예라고 부르며, 문학을 학문이란 입장에서 부르는 명칭도 문학이다. 문학은 단어와 문장의 집합체다. 단어를 조합하여 문장을 만들고, 문장을 통해 스토리를 만들어 낸다. 특정한 주제를 가진 이야기, 시, 희곡 등을 문학이라 하며, 이런 일련의 글 모음도 문학이다. 문학은 시대정신의 산물이며 사회상을 반영한다고 하기에 작가가 살았던 그 당시의 시대상과 사회상을 잘 나타내고 있다.

문학은 상징적인 다양한 기록 형태로 나타날 수 있으나, 좁은 의미의 문학은 오직 문자로 이루어진 문장만을 포함하며 더욱 범위를 축소하여 말한다면 물리적인 형태를 가진 문장으로써 종이뿐만 아니라 디지털 미디어까지 포함할 수 있다. 문학은 문학적인 허구성과 문학적인 재능에 따라 작품을 차별화하지만, 문법과 어법에 서투르거나, 이야기를 믿을 수 없거나, 등장인물의 성격에 일관성이 없는 경우, 문학에서 제외될 수도 있다.

2. 문학의 종류

◦ 전달 수단에 따라 구분하기도 한다. 말인 구전문학(口傳文學)과 문자에 의한 기재문학(記載文學)으로 구분한다.

◦ 문체가 틀에 박혀 글에 리듬이 있는 율문(律文)과 그렇지 않은 산문(散文)으로 구분한다.

◦ 내용이 현재형으로서 주관적 내용인 서정문학(抒情文學), 과거형으로서 객관적 내용인 서사문학(敍事文學), 과거의 시간이 현재형으로 표현되며 동작과 회화에 의한 극문학(劇文學), 서정적인 것과 서사적인 중간에 위치하는 일기, 수필, 시론(詩論), 비평 등을 가리키는 자조문학(自照文學) 등이 있다.

◦ 문학 활동에서 자기 상상을 기초로 하는 창작과 창작된 작품의 가치를 논하는 평론 등이 있다.

3. 숲과 문학과의 관계

인류의 발생은 숲에서부터 출발하였으며, 인간은 숲을 활용한 생활을 하고 있다. 인류가 살아가는 생활방식에는 숲을 어떻게 활용하고 있는가에 달려있기도 한다. 숲 활용에 따라 주거 형태, 식생활, 의생활까지 깊게 관여하고 있기 때문이다. 숲은 단순한 경관만을 제공하는 것이 아니며, 우리들 미래의 삶과도 관계가 깊다. 숲이 주는 혜택과 활용 방안을 알아보면

- 산은 인간의 건강을 돕는다.
- 산은 인간의 감성을 순화한다.
- 인류의 마지막 식량이 산에 있다.
- 휴식의 장으로 활용되고 있다.
- 레저스포츠의 장으로 활용되고 있다.
- 힐링과 치유의 장으로 활용되고 있다.

또한, 숲은 인간이 삶에 필요한 재료의 공급원인 동시에 예술과 문화에도 직간접적인 영향을 끼친다. 숲속 자연 문학도 당연히 숲과 관계에서 벗어날 수 없기에 은연중 자연의 소리에 귀 기울일 수밖에 없을 것이다.

수많은 문인은 자연을 중심으로 노래하고 있다. 우리나라는 4계절이 뚜렷하기에 많은 문인은 계절과 꽃과 나무와 숲을 대상으로 노래해 왔다. 속담, 민담, 소설, 동요, 현대 시, 한시 등에 나무와 숲을 노래한 작품이 많이 있다. 한국 현대 시의 소재로 나타난 수종과 출연 횟수는 다음과 같다.

[표1] 한국 현대 시의 소재가 된 수종과 출연 횟수

순위	출연 회수	수 종	비고
1	50회	소나무	
2	46회	진달래	
3	31회	버드나무	
4	30회	감나무	
5	27회	대나무	
6	21회	목련	
7	19회	미루나무	

8	17회	아까시나무	
9	16회	개나리, 느티나무	
10	14회	복사나무, 오동나무, 은행나무, 포플러	
11	13회	동백나무, 살구나무	
12	12회	라일락, 자작나무, 찔레	
13	11회	밤나무, 참나무, 플라타너스	
14	9회	떡갈나무, 매화나무, 상수리나무	
15	8회	물푸레나무, 철쭉	
16	7회	가시나무, 대추나무, 무궁화, 사과나무, 사철나무, 오리나무	
17	6회	석류, 앵두나무	
18	5회	단풍나무, 벚나무, 사시나무, 잣나무, 탱자나무	
19	4회	느릅나무, 작약, 전나무	
20	3회	감람나무, 등나무, 배나무, 산수유, 쥐똥나무, 피나무, 향나무	
21	2회	가래나무, 까치밥나무, 낙엽송, 너도밤나무, 다래, 마로니에, 머루, 모과, 뽕나무, 삼나무, 황철나무, 홰나무, 후박나무	
22	1회	가문비나무, 가죽나무, 개암나무, 계수나무, 꽝꽝나무, 구상나무, 노간주나무, 녹나무, 다정큼나무, 때죽나무, 들메나무, 마가목, 멀구슬나무, 매실나무, 박달나무, 박태기나무, 버즘나무, 싸리나무, 수유나무, 아그배나무, 엄나무, 영산홍, 오갈피나무, 유칼리, 이깔나무, 자귀나무, 주목, 측백나무, 층층나무, 태산목, 호두나무, 회양목	

4. 문학에 나타난 자연과 나무

문학에 나타난 나무와 숲이 표현된 의미는 다양하다. 숲은 세속을 등진 학자들의 삶의 터전이었기에 선비들의 자연 합일 사상의 세계로 묘사되었으며, 가난한 민중에게는 어려운 생활의 터전이 되기도 했다. 그리고 세상을 떠나는 사람들이 궁극적으로 돌아가는 마지막 귀의처였다. 산을 통해 등산록, 유산록 등을 기록으로 남기거나 산행에서 느낀 감흥을 장편의 연작 한시로 적어 둔 문집이 발견되기도 한다. 이처럼 자연은 선조들의 삶에 깊숙이 관련되어 있으며, 선조들의 희로애락이 고스란히 담긴 요람에서 무덤까지라 할 수 있다. 자연과 접해서 작품 중에 여류 문인이었던 의유당 남씨의 작품인 동명일기(과거 고등학교 교과서에 수록)와 현대 문학인 박목월 시인의 작품을 예문으로 제시해 본다.

[동명일기]

조선 후기에 의유당 남씨(意幽堂南氏)가 지은 수필이다. 이 작품은 『의유당 관북유람일기(意幽堂關北遊覽日記)』 안에 「낙민루」·「북산루」·「춘일소흥」·「영명사득월루 상량문」 등과 함께 수록되어 있다. 필사로 전해지던 원본을 1947년 이병기(李秉岐)가 처음 활자화하여 출판하여 세상에 널리 알려지게 되었다. 의유당이 「동명일기」를 쓰게 된 연유는 남편 신대손(申大孫)이 함흥 지방 관직을 맡아 현지로 떠나게 될 때 동행하여 수년간 머물러 있으면서 일출 경관을 본 것이 계기가 되었다.

◦간략한 내용

동명의 해와 달뜨는 경관이 뛰어나다는 말에 1771년 8월 21일, 동명을 찾았으나 일기가 좋지 않아 관람에 실패하고, 1772년 9월 17일 재차 출발하여 동명의 장엄한 일·월출 경관을 보며 감동을 쓴 것이다. 이 글은 함흥에서 동명까지의 두 번에 걸친 여행길과 내왕하며 보고 겪은 일들에 대해서도 적고 있다. 그 가운데 고기잡이와 풍물패를 거느린 선유(船遊), 태조의 유적지들을 관람한 일들이 생생하게 묘사되어 있다. 예를 들면 그 붉은 우흐로* 훌훌 움직여 도는데, 처음 났던 붉은 기운이 백지(白紙) 반 장 넓이만치 반듯이 비치며, 밤 같던 기운이 해 되어 차차 커 가며, 큰 쟁반만 하여 불긋불긋 번듯번듯 뛰놀며, 적색(赤色)이 온 바다에 끼치며, 먼저 붉은 기운이 차차 가새며*, 해 흔들며 뛰놀기 더욱 자로(자주) 하며, 항* 같고 독 같은 것이 좌우로 뛰놀며, 황홀(恍惚)히 번득여 양목(兩目)*이 어즐하며, 붉은 기운이 명랑*하여 첫 홍색을 헤앗고, 천중(天中)*에 쟁반 같은 것이 수렛바퀴 같하야 물속으로서 치밀어 받치듯이 올라붙으며, 항, 독 같은 기운이 스러지고, 처음 붉어 겉을 비추던 것은 모여 소혀처*로 드리워 물속에 풍덩 빠지는 듯싶으더라.(붉은 기운)(해)

　일색(日色)이 조요(照耀)하며 물결에 붉은 기운이 차차 가새며, 일광(日光)이 청랑(淸朗)*하니, 만고천하(萬古天下)에 그런 장관은 대두(對頭)*할 데 없을 듯하더라.

◦옛글이 내용
　*우흐로 : 위로 　*가새며 : 흔적이 차차 없어지며 　*항 : 항아리
　*양목(兩目) : 두 눈 　*명랑(明朗) : 맑고 명랑하니
　*천중(天中) : 하늘 가운데 　*소혀처로 : 소의 혀처럼
　*청랑(晴朗) : 날씨가 맑고 화창함 　*대두(對頭) : 맞대어 견줌

◦작품의 평가
　등장인물들에 대한 개성 있는 심리묘사와 탁월한 심미적 관찰력, 사실적이며 섬세한 묘사 수법, 세련된 문체 등이 조선 후기 여류수필의 대표적 작품으로 평가된다.

[박목월의 산도화]
산도화

산은 구강산 보랏빛 석산
산도화 두어 송이송이 버는데
봄눈 녹아 흐르는 옥 같은 물에
사슴은 암사슴 발을 씻는다

짧은 시이지만 작가의 세계가 담겨 있다. 1연의 구강산(九江山)은 실제의 산이 아니며 작가의 상상 속에 존재하는 성스러운 산이며, 석산의 색깔은 보라색이다. 보라색은 존귀하고 이색적인 면을 보여준다. 산도화는 복숭아다. 많이 피는 복숭아가 아니고 두어 송이 달린 천도화인 셈이다. 봄눈이 녹아 흐르는 옥과 같은 물에 상서롭고 순한 사슴이 발을 씻고 있다고 표현했다. 사슴이 오염이 없는 물에 뛰노는 것은 한 폭의 신선도처럼 보인다. 이런 것들은 자연에서만 느낄 수 있는 감정이며, 자연과 교감하면서 생활하지 않았으면 쉽게 이런 정감 있는 서정시를 쓰기 어려울 것 같다.

5. 문학과 예술 속의 자연

◦ 호연지기(浩然之氣)

맹자(孟子)가 제(齊)나라에서 제자 공손축(公孫丑)과 나눈 대화에서 나온 말. "선생님이 제의 대신(大臣)이 되신다면 제를 틀림없이 천하의 패자(覇者)로 만들 것입니다. 마음을 움직여 보시지요." "나는 40이 넘어서부터 마음이 움직이는 일이 없네"라고 답했다. 공손축은 "마음을 움직이지 않게 하는 방법은 무엇입니까?"라고 묻자, 맹자(孟子)는 "호연지기(浩然之氣)를 기르고 있기 때문이다"라고 한 말에서 유래되었다.

호연지기는 평온하고 너그러운 화기(和氣)를 말하며, 氣는 매우 광대하고 강건하며, 올바르고 솔직한 것으로서 이것을 해치지 않도록 기르면, 천지간에 넘치는 우주 자연과 합일하는 경지다. 기는 義와 道를 따라 길러진다. 이러한 기는 자연과 접했을 때만 길러질 수 있다.

◦인자요산(仁者樂山) 지자요수(知者樂水)

論語 雍也(논어 옹야) 篇에 『子曰, 知者樂水 仁者樂山 知者動 仁者靜 知者樂 仁者壽』에서 나온 말. 지혜로운 사람은 사리에 밝아 물이 흐르듯 막힘이 없으므로 물을 좋아한다. 또한 지적 욕구를 충족하기 위하여 돌아다니기를 좋아하며, 그러한 것들을 즐기며 산다. 이에 비하여 어진 사람은 의리를 중히 여겨 그 중후함이 산과 같으므로 산을 좋아한다.

◦결초보은(結草報恩)

춘추좌씨전(春秋左氏傳)에 있는 말. 춘추시대(春秋時代) 때 진(晉)나라의 大夫 魏武의 아들 위과(魏顆)가 아버지의 애첩을 순장하지 않고 살려주었더니 애첩의 아비가 은혜를 갚았다는 데서 나온 이야기다.

◦자연(산수)과 관련된 이야기
·고산유수(高山流水) : 맑은 천지의 자연을 이루는 말, 거문고의 소리
·낙화유수(落花流水) : 떨어져 흩어지는 꽃과 흐르는 물. 가는 봄의 경치
·도원결의(桃園結義) : 복숭아꽃 우거진 밭에서 의를 맺음 (촉한의 유비)
·명산승천(名山勝川) : 아름다운 산이나 강이 있는 경치 좋은 곳

- 명경지수(明鏡止水) : 맑은 물과 같은 마음을 표현
- 무릉도원(武陵桃源) : 세상과 떨어진 별천지 (무릉의 어부의 곡천 이야기)
- 산자수명(山紫水明) : 산수의 경치가 아름다움
- 산고수장(山高水長) : 산은 높고 강은 길게 흐름 (군자의 덕)
- 송풍수월(松風水月) : 소나무에 부는 바람과 물에 비친 달 (자연 감상)
- 심산유곡(深山幽谷) : 깊은 산과 으슥한 골짜기 (자연의 경관)
- 초근목피(草根木皮) : 영양가가 나쁜 음식. 가난을 빗댄 말
- 풍광명미(風光明媚) : 경치의 아름다움

○ 추사의 세한도
- 실경산수화 (1844년 귀양 5년째) 제자 이상적에게 그려준 그림
- 장무상망(長毋相忘), 청의 명사 16명의 제찬, 오세창, 정인보 등의 글
- 논어 자한편 [세한송백]에서 유래
- 한 그루는 소나무, 두 그루는 잣나무라는 생각
- 그는 과연 어떤 나무를 그린 것일까. / (寫意는)

○ 나무의 영광, 벼슬살이를 한 나무
- 용문사 은행나무 (세종대왕, 당상 직첩)
- 법주사 정2품 송 (세조대왕)
- 반송정 (조선 초, 서대문구 천연동)
- 강희맹의 집 소나무 (연산군, 정3품)
- 남한산성 동문 밖 주필암 근처 소나무 (정조대왕, 대부송)
- 운현궁 소나무 (고종, 종2품)

◦ 노래 가사에 등장하는 나무와 풀
· 침엽수로는 소나무
· 활엽수로는 느티나무
· 버들꽃

하백의 세 딸 [유화(柳花), 훤화(萱花 원추리꽃), 위화(葦花 갈대꽃)]가 압록강에서 놀고 있을 때, 천제의 아들 해모수가 꾐. 하백은 해모수를 시험(잉어, 사슴, 꿩)함. 해모수는 하룻밤을 보내고 하늘로 올라감 태백산 우발수가로 추방, 동부여의 왕 금와에게 발견되어 주몽을 낳음. 후에 주몽이 엄수를 건널 때 물고기와 자라가 다리를 놓아주었다고 함

우리의 문학에서 바람과 구름과 별과 달과 꽃을 노래한 시가들이 엄청 많을 것으로 생각되지만, 실상은 그렇지 못하다. 자연을 감정이입의 대상으로, 심리적 안위처로, 도피처로 생각하지 않았을까, 매화꽃의 눈부심을 철저하게 제대로 노래한 시 작품이 정말 얼마나 될지 의심스럽다.

전원시도 많고 자연시도 많다고들 하지만, 그런 것의 대부분은 엄밀한 뜻에서 자연을 읊은 것이 아니라, 자연을 빌어서 인간사의 여러 모습을 표현한 것에 불과하다. 세잔느가 사과 자체로 그리기 위해 피나는 노력을 했듯이 그런 엄정한 눈으로 대나무, 국화, 난초 등 자연을 노래한 작품을 기대해 본다. 자연의 개별성을 그대로 포착해서 나타내는 글이야말로 숲과 문학, 자연과 인간의 관계의 주요한 포인트이다.

6. 결론

도시는 생명체에는 거대한 텐트 속에서 살아가는 일과 같다. 도시 생활은 거친 자연으로부터 보호를 받지만 반대로 자연에 대한 감각은 퇴화할 수밖

에 없다. 이럴 때 자연 문학은 줄어드는 감각을 끄집어 올리는 매개체가 된다. 자연 문학은 자연을 소재로 한 생명의 논리를 시적, 서사적으로 깊이 있게 묘사한 글이다.

자연 문학의 소재로 등장하는 나무와 숲 등은 시, 한시, 동요, 민담, 속담 등 다양한 장르에서 나타난다. 나무와 숲이 제시되는 이유는 작품의 창작 배경이 농경사회에서 나무와 숲이 차지하는 비중이 월등하기 때문일 것이다. 농경사회에서는 사람들이 자연과 조화로운 삶의 영위하였기에 자연과 화합하면서 살아갔으며, 문학 장르에서 수목에 대한 선조들의 의식과 정서가 반영된 결과일 것이다.

중국 신장웨이우얼자치구 내 황량한 사막 마을에서 태어나 평생을 살아온 어느 작가의 에세이는 많은 감흥을 준다. 그는 자연 속에서 자연을 소재로 진솔하게 담아냈다. 바람, 땅, 모래, 집, 나무, 개, 나귀, 개미, 담벼락, 옥수수에 대한 자연 그대로의 이야기였기 때문이다.

근현대 문학작품에서는 다양하고 많은 수종이 출현하고 있지만, 옛날과 비교하여 그 빈도는 1/3로 줄어들었다고 한다. 그 이유는 가슴으로 체화된 지식보다는 머리로 얻은 지식을 시어로 활용하였기 때문이며, 자연과 유리된 삶을 영위하는 현대인의 획득할 수 있는 정서의 폭이나 의식의 깊이가 선조들에 비하여 약했기 때문이라고 할 수 있을 것이다.

자연 문학은 한자리에서 깊이 있게 반복적으로 겪어내야 문학의 진가를 발휘할 수 있다. 그래야 고목에서 새잎이 돋아나는 것처럼 작품이 경이롭다. 자연 문학은 인간이 잃어버린 감각을 일부나마 회복하는 곳인데 이바지할 것이다.

[참고 자료]

숲과 문화연구회, 『산림 문화가 산림에 미치는 영향』, 2010
박상진, 『역사가 새겨진 나무 이야기,』 김영사, 2004
일연, 김원중 엮음, 『삼국유사』, 을유문화사, 2004
매일경제 사외 칼럼, [강성민의 문화이면] '자연 문학과 감각의 재생', 2023. 9. 1 자
김원규, 「숲을 통한 인성교육」, 강의 원고, 2010

김원규 | 아호 동촌, 시인 · 수필가
· 서울시교육청 장학사, 교육연구관, 대천임해교육원 원장, 서울시과학전시관 교육연수부장 역임, 서울창림초등학교, 서울동의초등학교 교장 역임 · 구로구 청소년문화집 관장 역임, 실버넷뉴스, 채널A뉴스 기자, 사)한국적성찾기국민실천본부 공동대표, 한국문예작가회 지도위원
· 국무총리표창, 황조근정훈장, 한국문예 수필부문 신인상, 한국문예 수필문학대상

詩의 構想과 名詩 쓰기

- 목 차 -

Ⅰ. 글머리에
   가. 시를 쓰는 마음
   나. 시의 형식과 基本槪念

Ⅱ. 시의 탄생
   가. 시의 잉태(孕胎)
   나. 시의 出産

Ⅲ. 명시 탄생 바라기
   가. 詩를 잘 쓰는 方法
   나. 한국 문단의 韻律文化
   다. 名詩를 찾아서

Ⅳ. 마무리 글

詩의 構想과 名詩 쓰기

靈山雅白 이규원

I. 글 머리에

가. 시를 쓰는 마음

사람들은 누구나 가슴에 詩를 품고 산다.

다만 표현하지 않거나, 또는 어떻게 쓸지 망설이고 있을 뿐이다.

만약 시를 쓴다면 다른 사람들에게 감동을 줄 수 있는 좋은 작품을 쓰고 싶어 한다.

좋은 작품의 기준이라는 것이 때론 모호하다.

문장력, 수사법, 함축, 비유ㅡ, 모든 기술적인 면도 중요하지만, 가장 중요한 것은 詩에 대한 眞心이다. 글은 진정성이 담보되어야 한다. 가짜가 아닌 진짜 글이 되기 위해서는 그만한 진실에 대한 각오가 되어있어야만 한다.

詩를 탄생시키는 시인은 아이를 잉태한 산모처럼 아름다운 태교를 하여야 하고, 진실한 감동의 태교를 통해 곱고 아름다운 한 편의 시가 탄생하는 것이다.

시인의 마음은 순도 높은 사랑을 품고 있어야 한다. 사랑이 결여된 마음으로 시를 쓴들 그 시는 독자들의 가슴에 와닿을 수가 없고, 사랑이 배어있는 감동이 있을 수 없다.

아무리 미사여구(美辭麗句)를 동원하여 조립하듯 쓴 시는 아름다울 수가 없고, 다른 사람들에게 와 닿는 감흥과 감동이 전달될 수 없으며 詩로서 높은 평가를 받기는 어려울 것이다.

어떤 마음으로 시를 쓰느냐가 문제다.

시인의 마음은 하얀 종이 같은 여백이 있어야 하고, 티 없이 맑은 어린아이들처럼 순수함이 있어야 한다. 때론 창공을 나르는 한 마리 산새가 되기도 하고, 맑은 강물에 노니는 물고기가 되기도 한다. 숲이든 높은 장벽이든 막힘없는 바람처럼 거침이 없어야 하고, 자유로움이 있는 마음이어야 한다. 시인은 사랑을 가슴에 오롯이 품고 착한 마음과 올바른 思想을 가져야 비로소 아름답고 좋은 시를 쓸 수 있을 것이다.

나. 詩의 형식과 基本 槪念

詩란 삶에 대한 열정, 사랑, 끈기, 자세, 모든 것이 詩의 기본이다.

○ 어떤 詩를 쓸 것인가는

건축을 예를 들어서 어떤 構造物을 지을 것인가?

-먼저 설계를 하고 ⇒ 위치와 규모(123층 빌딩이냐, 기와집이냐, 초가집이냐의 건축물이나 교량, 터널 등)

- 필요한 자재를 구입한다 ⇒ 철재, 목재, 석재, 세면 콘크리트, 흙, 유리 등
- 최적, 최고의 기술인력으로 정성껏 건축하여 명성이 높은 構造物 탄생.

○ 하루에 한편의 시를 쓴다며 자랑하지 말라

- 그것은 암탉이 무정란을 매일 낳는 거나 마찬가지다 ⇒ 靈魂이 없는 詩
- 숫탉의 사랑 없이 낳은 무정란은 ⇒ 달걀 후라이 밖에 될 수 없다.
- 유정란이라야 암탉이 21일간 따뜻하게 품어서 다시 병아리로 태어난다.

다. 詩의 형태(形態)

※ 모든 시는 韻文 形式이고, 운문문학은 곧 詩를 가리키며. * 散文文學은 소설, 희곡, 수필, 평론 등을 포괄하는 개념이기도 합니다.

1) 자유시에 대하여

○ 형식에 얽매이지 않고 자유롭게 운율을 구사할 수 있는 詩 또는 산문시에 가까운 자유시가 되기도 한다. 윤동주의 모든 시의 형식상 갈래는 초기의 동시를 비롯하여 모두 자유시에 해당합니다.

예) 정형시에 가까운 자유시 : 산유화, 진달래꽃, 먼 후일(김소월)

  산문에 가까운 자유시 : 해, 청산도(박두진) 등

2) 산문시에 대하여

○ 산문시는 말 그대로 산문으로 표현한 시, 즉 시적인 내용을 산문적 형식으로 표현한 시를 가리킨다. 시 전체가 줄글로 짜여진 시로 리듬의 단위를 한 문장이나 한 문단에 두는 등 전체적인 내재율의 조화에 맞게 쓰인 산문형식의 시로 넓은 의미에서는 자유시에 포함시키기도 한다. 그러나 시상의 흐름이나 정서 표출의 방식 등에서 일반적인 산문과는 아주 다르다.

예) 봉황수(조지훈), 신부(서정주), 해(박두진), 밤, 램프(정지용), 지구(박용하), 북어(배우식), 흑백사진-7월(정일근), 눈물은 왜 짠가(함민복) 등

3) 산문시와 운문시의 차이점

○ 산문시는 기본적으로 행 구분을 하지 않은 시를 말합니다. 산문시는 시상을 전개할 때 행 구분을 하지 않고 산문 쓰듯이 줄글로 그냥 쭉 이어 쓰는 형태의 작품을 일컫습니다. 작가는 운문의 행 구분이 형성하는 리듬보다는 작품 내용의 의미에 중점을 둡니다. 그렇다고 해서 산문에 리듬이 없는 것은 아닙니다. 산문시에는 산문적 리듬이 있습니다. 산문시의 리듬이란 산문 자체의 리듬이라기보다는 운문이어야 하는 시가 산문적 구조를 가짐으로써 생기는 상대적인 또는 이질적인 리듬입니다.(오규원)

운문시에 비해 〈산문시〉는 그냥 독서하는 기분, 생각나는 대로 그냥 써 내려가는데..... 뜻과 의미의 전달에 중점을 두고 있습니다. 대표적인 산문시인.... 〈유치환〉

그 분의 시는 거의 산문에 가까워요.

그리고 산문시에서 사용하는 언어를 일반적인 산문의 그것과는 달리 함축적입니다.

예를 들면 운문시는 행 구분을 통해 리듬을 형성하는 것을 기본으로 하는 시를 말하며

○ 정형시와 자유시를 보면

-정형시는 시조와 같이 일정한 틀에(3,4조 4음보)에 맞춰서 리듬을 형성하는 詩며

-자유시는 정해진 틀에 따른 리듬에 얽매이지 않고 작가가 유사한 어구나 어절을 사용(반복따위)하여 나름의 리듬감을 형성하는 詩이다. 행 구분을 하는 일반적인 현대 시가 여기에 해당한다.

Ⅱ. 詩의 誕生

가. 詩의 잉태(詩의 孕胎)

詩는 땅에 떨어진 별(오브제)을 주워 주머니에 넣고 만지작(비유법)거리면 詩가 된다.

詩는 머리, 가슴, 어디로 쓸까요?

詩는 엉덩이로 씁니다. 즉 책상머리에 오래 앉아 있어야 시가 나옵니다.

詩는 머리와 가슴으로 씁니다.

머리로만 쓴 시는 건조하고 가슴으로만 쓴 시는 너무 감상적입니다.

문학은 낳는 것입니다. 그래서 산고의 고통에 비유를 합니다.

詩는 아름다움에 대한 본능적 반응이며,
사랑에 빠지려면 눈이 멀어야 하듯 詩를 쓰려면 눈멀고 귀 멀어야 합니다.
그래서 대상에 대한 사랑에 빠져야 합니다.
시인이 가장 경계해야 될 감각은 시각(80%)
보이지 않는 세계, 들리지 않는 세계를 그려내야 합니다.
(시도 하나의 생명체이다. 내몸을 빌어서 나오는 거다. 詩가 자라는 대로 그냥 둬라)

상상은 *현실로부터 출발해야 상상이 힘을 받는다.
*동기를 크게 주는 것(종자이론) 소재가 좋으면 반은 쓴 것이다.
*나의 문제이자 세상의 문제인 것.
*무르익혀라. 형상이 줄줄이 쏟아져나올 때 까지-,

◉ 먼저 구상을 하고
-제목을 정하고
-본문을 작성해서
-퇴고를 한다.
• 첫연은 사실에서 출발
• 소재는 이 땅에 詩가 되기 위해 기다리고 있는 것들이 너무도 많다.
• 기, 승, 전, 결(起, 承, 轉, 結)

- 이 구조는 시, 논설문, 영화, 시나리오 등 다양한 글쓰기에서 활용되며 특히 한국 문화에서 5막 구조와 함께 대중적인 작법체계로 자리 잡았습니다. 영어로는 "Four Steps in Composition" 또는 Narrative Arc"로 표현되

며 할리우드 영화나 4컷 만화에서도 적용됩니다.
　* 起(일어날 기) - 시를 시작하는 부분
　* 承(이을 승) - 그것을 이어받아 전개하는 부분
　* 轉(구를전, 구르다, 돌다) -詩意를 한번 돌리어 전환하는 부분
　* 結(맺을 결) - 전체 詩意를 끝맺는 부분이다.

　나. 비유법을 통한 표현
　비유법은 말하고자 하는 바를 다른 사물에 빗대어 말하는 것입니다.
　비유법은 시를 쓰고자하는 대상을 보다 명확하고 실감나게 표현하기 위한 방법이며
　• 비유법에는 직유법, 은유법, 의인법, 희언법 풍유법, 의성법 활유법 등이 있다.
　1)직유법 - ~같이 ~처럼 ~듯이 ~인양 ~만큼
　2)은유법 - 원 관념과 보조관념을 동일시해 표현하는 형태로 나타냅니다.
　예) ① 단순은유(내마음은 호수요) ②치환은유(A는 B이다)
　　　③ 병치은유(군중속의 얼굴들의 환영)
　3)의인법 - 사람이 아닌 것을 사람에 비겨 사람이 행동하는 것처럼 표현하는 것
　예) ①꽃이 웃는다 ②강물은 말없이 흐른다 ③새가 내게 노래를 가르쳐준다.
　4)희언법 - 소리는 같으나 뜻이 다른 낱말과 어귀를 살려 한꺼번에 두가지 의미를 노리는 수사법 (내게 살 송곳이 있으니 힘차게 뚫어볼까 하노라)
　예) 이게무엇이오? 옷이오 - 네옵니다. 이게무엇이오? 잣이오 - 네 먹습니다. 이게 무엇이오? 갓이오 - 네 갑니다.

5)의태법 – 살금살금 졸졸 출렁출렁 이글이글 등 어떤 단어들을 그 안에 소리를 흉내낸 의미와 모양이나 움직임을 흉내낸 말이 같이 들어있기도 함.
이런 단어들을 의성어이자 의태어입니다.
예) ①아장아장 걷는 우리아기 ②엉금엉금 기어가는 자동차
6)풍유법 – 본 뜻은 숨기고 비유하는 말 만으로 숨겨진 뜻을 암시하는 수사법
※속담이나 격은 따위가 여기에 속한다
예) ①세월은 흘러가는 강물과 같다 ②빈수레가 요란하다
　　③호랑이도 제말하면 온다
7)의성법 – 사물의 소리나 인간이 내는 소리를 그대로 묘사하여 실제처럼 표현하는　　　　비유법, 사성법, 성유법
예) ①주룩주룩 비가내린다 ②아기가 쌕쌕 잠을 잔다 ③철석철석 파도소리
　　④삐악 삐악 병아리 가족이 지나간다.
8)활유법 – 살아있는게 아닌데 살아있는 것처럼 표현하거나 감정이 없는데 감정이 있는 것처럼 표현하는 것을 말함.
예) ① 슬픔에 빠진 산 ②울음우는 바다 ③하늘도 슬퍼서 울었다
　　④ 그러면 나무가 아파해 ⑤기뻐서 반짝이는 햇살

다. 시의 출산(詩의 出産)
• 제목 – 시 전체를 이끌어 갈 수 있는 소재
• 본문에서 쓰지 못했던 것을 제목으로
• 명사 보다는 복합어나 문장으로

제목을 먼저 정하고 쓰기도 하고 나중에 적절하게 달기도 한다.

- 첫문장 - *중요하다 뒷이야기를 줄줄이 끌어내지 못하면 그 첫문장은 실패

  첫문장은 신神이 내린다.

  *과감해도 좋다
- 둘째 문장 - 첫 문장을 이어받거나 다음 단계로 깊어진다
- 전개 - 2연 부터는 첫연의 진행과 내용의 심화 및 과거회상 등
- 반전 - 시를 쓰게 된 주제나 하고 싶은 말 아니면 내용 뒤집기 다른 분위기로 전환
- 마무리 - 시 전체를 아우를 수 있는 결론

※ 시 한편이 보통 15행-22행

연시, 산문시, 통연 형태는 그때 그때 쓰다 보면 본능적으로 된다.
우선은 한 편 쓸 때마다 연시, 산문시, 통연 등 다 해 본 뒤에
그 시에 적절한 형태를 선택
소재는 반드시 형상화 능력에 맞는 것을 골라서 쓸 것.
논리적(예를 들면 비가 오는데 해가 떠있으면 안되고, 낮에 별 이야기는 안 됨)

- 물 흐르듯이 작은 것에서 → 큰 것으로
- 먼저 느낀 것에서 → 나중에 느낀 것으로

-주봉(주요 봉우리) 을 놓치지 마라 → 중요한 핵심을 놓치지 마라
-확실한 비유가 아니면 구체적으로 써라.

라. 퇴고(推敲)

주봉을 놓쳤는지 안 놓쳤는지 확인해라 불필요한 부분은 잘라내고

글을 다듬고 만져라 금방 썼다는 말은 결코 자랑이 아니다.
대가들도 다듬고 또 다듬는다(조지훈 -승무(한달간 퇴고) 김소월「진달래꽃」
글이 발표될 때마다 조금씩 달라졌다. 그만큼 퇴고를 많이 했음.

Ⅲ. 名詩 誕生 바라기

가. 시를 잘 쓰는 방법
• 시를 잘 못 쓰면 잘 쓸 수 있다.
-초심 유지가 중요 잘 써지는 듯하고 술술 나오면 오히려 함정
-詩라는 연못에 늘 낚시대를 드리우고 있어라.
-언제 고기 낚을지 모른다. 시는 변심하기 쉬운 애인이다. 잠시라도 방심하면 곁을 떠난다. 떠나가는 시를 다시 불러오기가 쉽지 않다.
• 무의식의 창고를 풍요롭게 하라.
- 즉 독서를 많이 해야 한다. 수도꼭지를 틀면 물이 줄줄 나오는 것은 물탱크에 물이 가득 들어있기 때문이다. 즉 좋은 시를 많이 감상하고 독서를 많이 해서 무의식의 창고가 풍요로워야 좋은 시가 줄줄 나올 수 있다. 창작이라는게 다 선배들이 쌓아놓은 문학적 퇴적 속에서 내 것이 요만큼 나오는 것이다. 내 詩에 진정 독특한 그 무엇이 있는가 *하나의 문제를 중심축(통일성)으로 이미지를 전개하였는가 *절실한 내용을 진실하게 이야기하고 있는가 *관념 대신 인식을, 습관 대신 체험을 즉 관념의 서술에 치우치지 않았는가 *정서에 비해 의식이 너무 앞서지 않았는가 *에세이(산문)적인 분위기를 풍기지 않았는가 *재주를 경계한 채 하나의 진실을 의젓하게 이끌어가고 있는가
*주제 의식이 선명해야 비로소 거기에 걸맞는 표현상의 기교나 독자성이

나타남 *생략된 표현, 상징적인 언어 그리고 은유법이 곧 좋은 시 *지나치게 설명적이지 않은가 (시는 설명이 아니고 묘사) *표현 하나하나에 긴장 관계를 유지하면 구조적으로 튼튼한 시가 형성된다 *일상적인 관념어의 남용이 흠이 되지는 않는가 *소재에 대한 승화(의미 확대)는 잘 되었는가 *포장된 상념, 자기 정서에 빠지지 않았는가 *공연한 군말을 붙이지 않는가 *개인적인 체험을 공적인 언어 구조로 승화시켰는가 *구체성을 띠되 깊이 있게(소재의 깊이 있는 이해) *역동적인 자세(알맞은 속도감, 역동적 이미지 처리) *무리한 비약이 있거나 난해하지 않은가 *지나친 압축, 생략, 경한(가벼운) 시류는 없는가 *마음의 부피가 엷어 부질없는 포즈를 취하지는 않는가 *지나치게 서술하여 명료성이 부족하지 않은가 *한자를 남용하지 않았는가 *필요없는 반복이거듭되지 않는지

나. 한국문단의 韻律文化

운율(韻律)은 詩에서 비슷한 소리의 특성이 일정하게 반복되는 리듬감이다.

한국사회는 반복미와 운율문화가 詩는 물론 팝송이나 대중가요, CM 송에까지 널리 자리잡고 있다. 한국 詩 문화에서 반복 미와 운율감을 살리지 못하였으면 오늘날 누리는 우리 시 문화의 지위를 맛보지 못했을 것이다.

하지만 시조는 창과 결별한 이후 반복미나 음악성이 오히려 기세를 잃어가는 느낌을 준다. 시조는 외형율의 형식속에 안식을 즐기고 있는 것 같다.

김소월 시의 〈엄마야 누나야〉와 서정주 시인의〈예전에 미쳐 몰랐어요〉이들 두 자유시는 '엄마야 누나야 강변 살자' '예전에 미쳐 몰랐어요' 등 긴 문장 단위의 반복이 짙은 공감을 일으킨다. 박목월의〈나그네〉'구름에 달가듯이 가는 나그네' 정지용의〈향수〉도 '그곳이 차마 꿈엔들 잊힐리야' 등 등 자

유시는 이렇듯 반복이 긴 경우가 많다. 이때 반복은 단순한 문장의 수사학적인 묘사라기 보다는 그리움이나 이별의 설움을 한껏 돋보이게 한다.

다. 名詩를 찾아서
-로버트 프로스트 시인님의 시 '가지 않은 길'을 만납니다. 지금 가고 있는 삶의 길을 돌아보게 하는 시입니다. ▷「마음을 흔드는 세계 명시 100선」(장석주 엮음, 북오션, 2017년) 중에서로버트 프로스트 (Robert Frost, 1874~1963)는 미국 캘리포니아 주 출신으로 고교 졸업후 20여년 동안 노동자, 농부, 교사 등 다양한 직업을 가졌으며 다트머스 칼리지와 하버드 대학에서 수학했습니다.뉴햄프셔의 농장에서의 오랜 생활로 소박한 자연을 노래함으로써 현대 미국 시인 중 가장 순수한 고전적 시인으로 꼽힙니다. 시집으로 「보스턴의 북쪽」「시 모음집」 등이 있습니다. 퓰리처상을 4회나 수상했고, 1958년에 미국의 계관시인이 되었습니다.

「가지 않은 길」
-로버트 프로스트(Robert Frost,-
단풍 든 숲 속에 두 갈래 길이 있었습니다 몸이 하나니 두 길을 가지 못하는 것을   안타까워하며, 한참을 서서 낮은 수풀로 꺾여 내려가는 한쪽 길을 멀리 끝까지 바라다 봤습니다
그리고 다른 길을 선택했습니다, 똑같이 아름답고 아마 더 걸어야 될 길이라 생각했지요. 풀이 무성하고 발길을 부르는 듯했으니까요 그 길도 걷다 보면 지나간 자취가   두 길을 거의 같도록 하겠지만요. 그날 아침 두 길은 똑같이 놓여 있었고   낙엽 위로는 아무런 발자국도 없었습니다. 아, 나는 한쪽 길은 훗날을 위해 남겨 놓았습니다. 길이란 이어져 있어 계속 가야만 한다는

걸 알기에 다시 돌아올 수 없을 거라 여기면서요. 오랜 세월이 지난 뒤 어디에선가 나는 한숨지으며 이야길 하겠지요. 숲 속에 두 갈래 길이 있었고, 나는 – 사람들이 적게 간 길을 선택했다고 그리고 그것이 내 모든 것을 바꾸어 놓았다고

※김소월(金素月) 1902~1934)
한국인의 정서에 가장 잘 영합하는 시인으로 소월을 꼽을 수 있다.
우리 민족의 미적 감수성의 다른 표현, 예컨대 '은근과 끈기'라든가 '선의 예술'과 같은 개념도 그 심층적인 의미 구조 속에 한과 깊은 관련이 있다. *한(恨)이라는 어휘는 오직 우리 국어만의 소유물이다.
〈진달래꽃〉의 "죽어도 아니 눈물 흘리우리다', '사뿐히 즈려밟고 가시옵소서', 〈먼 후일〉의 '먼 훗날 당신이 찾으시면 / 그때에 내 말이 잊었노라' 등의 시행은 반동형성으로서의 진술이다. 우리가 소월의 시를 통해서 교훈적 양식으로 삼아야할 점은 우리의 고유한 정통성에 대한 문제다. 그는 우리의 순수한 향토정서를 민요적 가락으로 노래했다. 현대시가 어떻게 변모하거나 우리가 제자리를 찾아야 할 지점은 소월의 詩 세계라 하겠다.

「진달래꽃」
-김소월-

나보기가 역겨워
가실 때에는
말없이 고이 보내 드리우리다

영변에 약산(藥山)
진달래꽃
아름 따다 가실 길에 뿌리우리다

가시는 걸음걸음
놓인 그 꽃을
사뿐히 즈려밟고 가시옵소서

나 보기가 역겨워
가실 때에는
죽어도 아니 눈물 흘리우리다

※나태주(1945.3.16. 충남 서천 출생) 공주사범학교, 한국방송통신대학교 졸업, 충남대학교
　교육대학원 졸업, 공주장기 초등학교 교장 역임, 1971년 서울신문 신춘문예 등단.

「풀꽃」
　　　　-나태주-

　자세히 보아야
　예쁘다

오래 보아야
사랑스럽다

너도 그렇다

※이규원(1950.03.초8. 경남 고성 출생)한국방송통신대학 졸업, 한국방송통신대학교 졸업.
한국문예작가회 시인, 시조시인, 문학평론가, 수필가 등단. 한국문예문학대상 수상(2021)외
※2021년 한국문예 VOL 05 문학대상 수상작품으로 起,承,轉,結이 대체로 잘 이뤄진 작품이다.

고향/故鄕
-이규원-

고향엔 해와 달이
묵은 산녘지키며 고스란히 남아있다
혼수봉 산기슭 잔솔들 자라
의젓한 장송 꿈 키우며 산토끼 쫓던
아이들을 기억한다

고락방 한박골 태생이던
산노루 고라니는 지금도 사이좋은 이웃

고요함 겹겹이 쌓여 산비둘기 평화롭게 날고
금실 좋던 장끼부부 사랑싸움에
파르르 하늘은 부셔져 적막을 깬다

제 살길 찾아나선 자식들 소식 없고
오늘도 옹달샘물 떠다 신神도 없는
정화수 앞에 절절히 비는 어머니 마음
그냥 그냥 무탈 하라고
세상살이 어렵고 힘들면 언제나 돌아오라고
고향에

Ⅳ. 마무리 글

  구상(構想)은 예술작품을 창작할 때 작품의 골자가 될 내용이나 표현 형식 따위에 대하여 생각을 정리하거나 또는 그 생각의 작품 구상을 말한다.
  시를 쓸 때 가장 중요한 것은 詩에 대한 眞心이다. 글은 진정성이 담보되어야 하며. 가짜가 아닌 진짜 글이 되기 위해서는 그만한 진실에 대한 각오가 되어있어야만 한다.
  삶에 대한 열정, 사랑, 끈기, 자세, 모든 것이 詩의 기본이다.
  또한, 詩의 형식과 基本 개념을 염두에 두고 운문시를 쓸 것인지 산문시를 쓸 것인지를 깊이 생각해봐야 하며 진정성 있는 마음으로 詩를 쓰면 뭇사람들이 동감할 것이며 감동을 받을 것이다. 또한 좋은 詩를 많이 감상하고 독서를 많이 해서 무의식의 창고가 풍요로워야 좋은 詩가 줄줄 나올 수 있다.
  창작 이라는게 다 선배들이 쌓아놓은 문학적 퇴적 속에서 내 것이 요만큼 나오는 것이다. 명시를 쓰기 위해서는 일기 쓰듯 많은 시를 쓰는 것에 욕심부릴 것이 아니라 고기를 잡기 위해 항상 낚시를 연못에 담구고 있다가 詩想이 떠 오르면 순간의 시를 탄생시키는 기회를 반드시 잡기 바랍니다.

  명시(名詩) 탄생은 자신만의 詩的 思惟와 영역을 넓히고 내 詩에 진정 독특한 그 무엇이 있는가는 사람마다 다른 알 수 없는 個性이 있기 때문이며 그 개성을 살려 자신만의 멋진 名詩를 쓸 수 있을 것이라 본다.

이규원 | 이규원(靈山雅白) 시인, 시조시인, 수필가, 문학평론가
· 재경고성문인협회장, 한국문예작가회 부회장·문예창작지도 교수
· 한국시서울문학회 자문위원장
· 한국문예문학대상 수상(2021), 한국시서울문학회 시서울문학상 수상(2023)

탐라어(제주어)는 어떻게 사라지게 되었나?

현암 김승범

탐라국은 삼국시대부터 독립된 해양 소국으로 존재했었다.

백제·신라·고려에 조공을 하며 독자적인 왕(倭) 호칭과 통치 체계를 유지했던 것이다.

탐라의 최고 통치자는 **'왕(王)' 또는 '도독(都督)'**으로 불렸다. 스기야마 히로시(나라문화재연구소 국제연구실 특임연구원)의 참고문헌 모리 기미유키(森公章) [고대탐라의 역사와 일본 –7세기후반을 중심으로-] [조선학보] 제18집 1988에 보면

사이메이 7년(661)5월 丁巳、耽羅始遣王子阿波伎等貢獻。伊吉連博德書云 「辛酉年正月廿五日還到越州、四月一日從越州上路東歸、七日行到?岸山明。以八日鷄鳴之時順西南風、放船大海。海中迷途、漂蕩辛苦。

九日八夜漢到耽羅之嶋、便即招慰嶋人王子阿波伎等九人同載客船、擬獻帝朝 五月廿三日奉進朝倉之朝、耽羅入朝始於此時.

23일 탐라가 처음으로 왕자 아파기(阿波伎) 등을 파견했다. 伊吉連博德(이키노 하카토코)書에는 "齊明(사이메이) 7년(661) 1 월 25 일(견당사 배가) 중국 월주(越州)에 도착했다. 4월 1일 월주에서 동쪽을 향해 귀로에 올랐다.

7일 頂岸山 남쪽에 도착했다. 8일 새벽 서남풍을 타고 대해로 나왔다. 항해 도중 9일간 길을 잃고 표류하며 큰 고통을 겪었다. 겨우 耽羅島에 표착했다.

그 후 탐라왕자 아파기 등 9명을 같은 배에 태워 일본으로 향했다. 5월 23일 朝倉(아사쿠라)의 임시 궁에 도착. 탐라의 입조(入朝)는 이때 시작됐다. 라고 기록되어 있다.

그 외에도 덴지(天智)4년(665) 8월 탐라에서 사절이 조정에 찾아옴, 덴지 8년(669) 3월 11일, 탐라가 왕자 구마기 등을 보내 공물을 바쳤다. 13일 탐라왕에게 오곡종자를 보내고 이날 왕자 구마기 일행은 귀국길에 올랐다. 라는 기록 등이 있다.

중국서에도 탐라에 대한 기록이 있는데 탐라에 대해서는 구체적 기록물 예컨대 〈고려사〉나 〈왕조실록〉같은 체계적 기록물이 없다. 이를테면 〈탐라신록〉이라고 이름할 수 있는 것들의 존재를 가정할 수 있을것인데 이러한 기록들이 존재하지 않는다.

이것은 바꾸어 말하면 기록물이 사라졌다고 가정할 수도 있는 것이다. 그렇다면 누가, 왜, 무엇 때문에 언제, 어디서, 라는 물음을 던질 수 있는 것이다.

"왜"라는 질문에 대한 답으로서 〈삼국사기〉와 관련된 김부식의 작업과정을 지목할 수 있다(전경수 2010. 6. 6 &2013. 11.5) 당대 국제정치의 배경 속에서, 제국으로 발돋움하려는 시도의 일환으로써 사서 정리의 작업이 있었을 것이고, 그 과정에서 탐라사 지우기가 자행되었다고 생각한다.(전경수)

중국이 관심을 두었던 탐라사를 지우는 것이 제국으로서 고려를 건설하는 사료 재구성의 실천이었다는 생각을 해본다. 탐라를 확실하게 장악함으로써 고대국가들의 정통성을 이어받는 고려제국이라는 구도가 있었고, 그 꿈을 실현하려는 과정에서 제물이 되었던 탐라를 생각할 수 있다.

탐라가 고려에게 주권을 빼앗기고 복속되었던 고려 숙종 10년 (1105년) 이후 탐라는 사라졌으나 빼앗긴 탐라사에도 유산은 남는다. 도라악과 탐라복이다. 단서들로 섬의 곳곳에 남아있는 전설과 본풀이의 내용, 언어, 지명 속에도 각인되어 있다.

이 해에 탐라국은 고려의 정식 행정구역인 '탐라군(耽羅郡)'으로 편입된다. 탐라왕이 고려 조정에 입조하여 왕이라는 칭호를 내려놓고 지방관 체제로 편입된 사건이 일어난다. 이후 탐라의 군주는 '왕'이 아닌 '도호부사', '부윤' 등 중앙 파견 지방관으로 교체된다.

1105년 이후 탐라군 → 제주목으로 고려 행정구역으로 흡수되고 조선시대 제주목, 제주도로 변경되면서 탐라라는 명칭은 역사적 지명으로만 남아있다. 이후 '탐라'라는 이름은 공식 지명에서 사라지고, 문학적·역사적 표현으로만 남게 된다.

도라악(都羅樂)과 탐라복(耽羅服)은 고대 제주도(탐라국)의 궁중 음악과 복식 문화를 상징하는 용어이다. 이들은 제주도의 고유한 전통문화를 보여주는 상징적인 표현이자, 탐라국의 독립성과 자주성을 드러내는 문화유산으로도 평가받는다.

都羅樂은 "도라" 즉, **탐라국의 고유 명칭인 '도라(都羅)'**에서 유래한 것으로, 탐라국에서 연주되던 궁중 음악 또는 의식 음악을 뜻한다. 이는 탐라국이 자체적인 음악 체계와 궁중 의례 문화를 가지고 있었다는 점을 나타낸다.

현재 전래되는 구체적 악보나 연주 방식은 남아있지 않으나, 고려나 조선 왕조의 기록을 통해 그 흔적을 확인할 수 있다.

度羅樂과 耽羅鰒은 중국측의 기록과 일본측의 기록에는 엄연히 탐라국의 존재가 남아있는데 왜 이섬을 정복하고 지배하였던 국가체제의 기록에는 남아있지 않은가?

제주의 언어는 탐라의 언어다. 탐라의 언어에서 몽골어, 일본어 등이 혼합되면서도 현재까지 지역특별 언어로 보존되고 있으며 30여년 전 국가에서 대대적으로 실시한 표준어쓰기 운동으로 사라질 뻔한 위기에서 제주어 보전회 등이 나타나면서 방언이 되살아나는 분위기다.

시인으로서 탐라의 후손으로 제주어보전회 이사로 활동하고 있으며 현존하는 탐라추장의 자격으로 서병진 회장의 등단50주면 기념평가회에 참석했다.

가산 서병진 시인이 75년도에 제주어로 시를 썼다는 건 매우 의미 깊은 일이다. 탐라인(제주인)의 입장에서도 국가정책에 따라서 제주방언을 배척하던 시기였기 때문이다.

탐라인의 후손으로 탐라의 혼을 유지하고 싶은게 개인적인 바램이다. 지금 역사를 찾으며 바로세우기를 하고 있다. 살고있는 집에도 현암탐라왕국이라는 간판을 붙여놓고 있다. 역사는 소중하고 기록되고 복원하여 후세에 전하여야 할 무궁한 책임이 있다.

오늘 이 자리는 서병진 회장의 등단50년 축하하는 자리이면서 탐라국 후손의 언어로 시를 쓴 기록을 향유하는 자리로서 역사의 한 장이되는 자리이다.

사라져 버린 맘모스를 복원하는 노력을 하듯이 사라져버린 탐라국을 복원하는 자리가 되는셈이다. 탐라의 언어는 쓰는자에 의해 기억될 것이다. 그러므로 서병진 시인은 역사위에 더욱 위대하게 기억될 것이다.

앞으로도 더욱 많은 탐라어(제주어) 시를 써 주었으면 하는 바램이다. 서울을 중심으로 활동 중인 가산(嘉山) 서병진(徐炳辰) 시인은 경상남도 고성군 삼산면 판곡리 출신이며 고향에 대한 깊은 애착을 시와 수필로 표현하고 있다.

교육자 출신으로, 동아대학교 교육대학원을 졸업하고 영도여자고등학교, 주례여자고등학교 교감·교장, 장학사 등을 역임하고 현재 한국문예작가회 회장으로서 활발한 문학단체 운영 및 세미나 개최 등을 이끌고 있다.

1975년 「칠오동우」 외 4편 시로 등단한 후, 시집과 수필집, 칼럼집 다수 출간하였으며 대표 시집은 『세월 속에서 꽃은 핀다』, 『이파리 없는 나무도 숨은 쉰다』, 『고향은 어머니 강』, 『가산으로 가는 길』, 『찻잔의 향기』, 『한밤에 사진편지 연가』 등이 있다. 칼럼집으로는 『세상이야기』, 시조집은 『너른지 메아리』, 『문학기행은 이삭줍기』, 『문학은 삶을 윤택하게 하는 도구』가 있다.

서울 거주 출향 시인으로 고향 삼산면사무소에 도서 300여 권을 기증해 '애향의 숨결' 문고를 설치하도록 기여한 바도 있다. 서시인의 75년도에 제주어로 쓴시를 음미하여 번역을 첨한다.

칠오동우	75년도 동무
가산(嘉山)/서병진	번역 / 현암 김승범
비바리 구쟁기 따아서 구덕에 담아	바다에 사는처녀 소라를 따서 소쿠리에 담아
하르방 드리어 지극한 효심을 받아	할아버지 드리고 지극한 효심을 받아(효도)
구둘에 앉아서 어머니 상념에 젖어	온돌방에 앉아서 어머니 생각에 잠겨보며
오라방 두린애 앞세워 이어도 사나	오빠와 두린애(어린아이) 보살피며 살아가네
가쟁이 꺾어서 해가림 칠오년 팔월	나뭇가지 꺾어서 해를가리고 칠오년 팔월
날봅서 세월은 잠자지 않으리 어망	날좀보세요 세월은 잠들지않고 계속흘러서
하방망 되어도 남쪽의 연인들 칠오	어머니, 하르방 되어도 남쪽의 연인들 칠오
천마산 기슭에 아담한 정기를 받아	천마산 기슭에 아담한 정기를 받아
한아름 터전에 젊음의 청운을 던져	한아름 터전에 젊음의 청운을 던져
희망찬 바다를 바라본 건아들이여	희망찬 바다를 바라본 건아들이여

성취한 일위를 영원히 빛날이 송도　성취한 일위를 영원히 빛나리 송도
칠오년 팔월이 광복의 삼십년 제주　칠오년 팔월이 광복의 삼십년 제주
이십년 기념을 구오년 제주도 일월　이십년 기념을 구오년 제주도 일월
마음도 하나로 뜻이도 하나로 칠오.　마음도 하나로 뜻이도 하나로 칠오

서병진 시인의 제주도와 제주어 사랑의 마음에 존경을 표하며 호와 함자를 넣어 헌시를 상정한다.

가산 서병진(嘉山 徐炳辰)

현암 김승범

가산(嘉山)
나무에 나무를 더하고
산에 산을 더한다
뜻을 헤아리면
아름답고 빼어난 산
달리 해석하면
시렁가 뫼산
시렁이란 공중에 떠서
가로지른다는 뜻
허공에 십자가를 낸다는 뜻이다
어찌보면

허공은 빈공이 아니라 빌공이다
아무것도 없는 듯 하나
세상 모든 사물이 서로빌려와 꽉차있다
존재하지 않는 가공의 인물
부처님은 태어나서
동서로 일곱발자국을 걸으며
천상천하 유아독존 이라했다 태초에 침묵속에 하늘이 열리고
큰 산과 바다가 일어났으니
아름답다. 빼어나다, 기쁘다
그대의 호가 그대의 태동을 짐작케한다
가산 서병진(嘉山 徐炳辰)
우주를 깨워 진리를 차례로 세워
나란히 밝은 병사들을 다스려 진출하니
한국문예의 번성은 그대 손안에 있소이다.

김승범 | 호 현암, 2005년 해동문학 등단
· 국제펜한국본부 회원, 한국문인협회원, 혜향문인협회원, 한국문예작가회 자문위원, 국보문인협회 심사위원
· 영미문학상, 백두산문학상, 한국문예대상
· 시집 : 「바람난 고양이」 외 4권, 수필집 : 「무수천 바람소리」 외 2권

편집후기

폭염 속에서도 멈추지 않는 창작 활동

한국문예 제12호가 출간되었다. 휴대전화에서 카톡은 폭염경보와 열대야에 야외활동 중단하고, 외출도 자제해 달라는 알림 문자로 이어지던 여름이었다. 그러면서 원고공모를 공지하기 전에는 작품 접수가 얼마나 될는지 불확실한 상황이라 마음은 늘 불안하였다.

이메일을 살펴보면서 접수되는 작품을 내려받아서 컴퓨터에 저장하고 원고 편수를 확인하고 프로필과 사진을 파일로 정리하면서 회원님 개개인의 높은 성품과 바른 삶의 여정을 읽을 수 있었다. 그런 불안한 분위기는 기우에 지나지 않았다.

소중한 작품을 보내주신 문인분께 감사드리며, 모든것에서 부족한 저의 원고 부탁에 적극적인 참여와 협조에 감사드립니다. 이렇게 모인 것이 순조롭게 진행된 것은 한국문예작가회 서병진 회장의 올곧은 인격과 성품 믿고 따르는 문인들이 많으시기에 가능한 그것이라고 봅니다. 앞으로도 변함없는 참여와 협조 부탁드립니다.

주간: 나영봉

유난히 뜨거웠던 여름은 풍요로운 가을을 준비하기 위한 시간이었던 듯합니다. 꽃피는 초여름을 11호 한국문예 출판·발행으로 마무리하고, 매미 소리 가득한 여름부터 귀뚜라미의 노래가 울려 퍼지는 초가을에는 12호 출간을 위해 쉼 없는 시간을 보냈습니다.

이번 12호 한국문예의 발간은 우리 모두에게 소중하고 뜻깊은 순간이라 생각합니다. 한 권의 책이 세상에 나오기까지 발행인, 편집주간, 편집 고문, 자문위원, 편집위원님을 비롯한 여러 선생님의 헌신과 노고가 있었음을 깊이 감사드립니다.

편집장 유영란

한국문예
Korean Literature and Arts
2025. vol 12.

2025년 한국문예 통권 제12호
등록번호 서울중, 사00066

인쇄일 2025년 11월 21일
발행일 2025년 11월 22일

발행인	서병진
주 간	나영봉
편집장	유영란
편집고문	곽광택 김길원 김영석 김원규 김종상 선형기 신영옥 오동춘 원용우 이연찬 임무영 정상문 정순영 조성국 조정제 홍순철
편집자문위원	고응남 공대천 금종성 김미선 김완기 김의배 김정희 노중하 백문기 류재순 문재일 서비아 서주문 신강우 심일일 오호현 전순자 전홍구 한경희 홍영복
편집위원	모상철 민서유 박동련 박숙자 박찬구 백승운 서재용 송영기 원경숙 이정원 장윤숙 정다운 지성 김정희 최수분 최임순

펴낸곳	도서출판 아이비애드
펴낸이, 디자인	아이비문화 김삼석
출판신고	제2014-000131호
주 소	04550 서울특별시 중구 을지로14길 12(을지로3가)
전 화	02-2274-4110 / 010-3861-6622
후원	국민은행 491002-01-227938
이메일	abajin@hanmail.net
카페	다음카페:한국문예(https://cafe.daum.net/koreanmy)

ISBN 979-11-88787-38-8
ISSN 2635-7240
가격 : 20,000원

*본지는 한국간행물윤리위원회의 윤리강령 및 실천요강을 준수합니다.